El Sueño De Un Padre

La Travesía De Mi Familia En La Música

I0528002

Por

Abraham Quintanilla

Prefacios

Por

Jennifer Lopez

y

Edward James Olmos

El Sueño de Un Padre: La Travesía de Mi Familia en la Música

ISBN 979-8-9867805-2-8

Publicado Por

5410 Leopard St.
Corpus Christi, TX 78408
(361) 289-9013
q-productions.com

Dedicatoria

Este libro es dedicado a

mi familia,

mi esposa Marcella por 57 años maravillosos,

y para mis niños,

A.B. III, Suzette y Selena

Índice de Contenido

Prefacios

Aunque el negocio de la música, sin duda alguna, trae grandes alegrías para el mundo a través del arte de la canción y la actuación, cualquier músico o cantante que inicia, es un camino de retos y sacrificios personales. Las posibilidades de la fama, y las menores de éxito, están ya en su contra. Por lo tanto, los artistas deben no tan solo creer en sí mismos, sino también tener otros a su alrededor, personas que los propulsen, que les alienten y den fuerza, compartiendo su visión. Para Selena Quintanilla y Los Dinos, esa persona era Abraham Quintanilla.

En este recuento personal tan anticipado, *El sueño de un padre: La travesía de mi familia en la música,* mi amigo Abraham Quintanilla lleva a los lectores a una especie de montaña rusa con Los Dinos originales. Comparte relatos de inicios de la década de 1960, cuando viajaba con los miembros de su grupo en vagonetas repletas, llevando presentaciones musicales en vivo a las comunidades aisladas de hispanos a través del suroeste y el oeste de Estados Unidos.

Cuando era apenas un jovencito, Abraham se dio cuenta que su amor y la alegría de la música y de las actuaciones estaban en armonía con su corazón y su mente. Fue así, que se comprometió a ir en busca de ese amor. Desde su pueblo natal en el sur de Texas, Abraham se imaginó algo que solo había sido logrado por unos cuantos artistas—un sueño de éxito nacional al triunfar con audiencias nacionales en Estados Unidos. A pesar de que las normas sociales de la época servían como un muro impenetrable que evitaba que la mayoría de los músicos alcanzaran el éxito, Abraham perseveró.

Los tiempos difíciles que la familia Quintanilla enfrentó en sus inicios en el negocio de la música fueron muchos, pero Abraham tenía una visión clara y definida del alcance y la meta de Selena y Los Dinos. Él creía en el grupo y creía en esa visión. A pesar de que el grupo pasaba por tiempos difíciles, fue esa visión lo que les dio fuerzas para seguir luchando. Aún cuando eran artistas fenomenales y compositores talentosos, fue la experiencia en los negocios y la visión creativa de Abraham Quintanilla lo que los encaminó hacia la cumbre del éxito. El creía en ellos aún cuando ellos dejaban de creer en sí mismos, y los convencía de que su talento artístico los llevaría a cruzar nuevas fronteras.

Abraham apoyó con certeza su fervor hacia el talento artístico de Selena, A.B. y Suzette.

El sueño de un padre nos demuestra cómo Abraham y su esposa Marcella crearon una familia amorosa y muy unida, e igualmente una exitosa empresa de negocios mientras alentaba y apoyaba a sus hijos para que exploraran sus propios talentos y sus sueños. El buen gusto para la moda de Selena, la inclinación natural hacia los negocios de Suzette y las habilidades de A.B. como compositor, todas florecieron dentro de la unidad de la familia. Tuve el privilegio de pasar valiosos momentos con la familia Quintanilla y pude constatar que Suzette heredó la personalidad directa y honesta de su padre. A.B. heredó el oído musical y su talento como productor. Ambos comparten el buen sentido del humor de su padre y el buen corazón y la bondad de su madre. Selena heredó de su madre la habilidad de amar profundamente y para siempre. De su padre, Selena recibió la alegría de actuar en un escenario y de saber que el ser artista es un privilegio que se debe respetar. El regalo más valioso que Abraham otorgó a Selena fueron las raíces culturales de donde procede, así como las alas para volar hacia el siguiente sueño.

Abraham Quintanilla ha experimentado alegrías que te dejan sin palabras y un pesar inaguantable. Con este libro él está listo para compartir esa travesía imborrable con el mundo. *El sueño de un padre* deja por descubierto que cada sendero encuentra montes y valles, y la historia de Abraham te alentará para seguir adelante, amando a la vida y encontrando la fuerza en Dios.

Recuerdo cuando estábamos por terminar de filmar la película *Selena* y el Sr. Quintanilla y yo tuvimos unos cuantos minutos a solas. Yo quería expresarle mi gratitud por el amor y la aceptación que me había dado él y su familia y para agradecerle por invitarme a ser parte de la travesía de su familia por la vida. Empecé por decirle—Sr. Quintanilla, yo quiero—Me miró, sus ojos fijos en mis arriba del marco de sus lentes, y me dijo—Querida, llámame Abraham. Desde ese momento supe que seríamos amigos para siempre.

Con este libro *El sueño de un padre: La travesía de mi familia en la música*, espero que tú también encuentres ese momento cuando veas a mi amigo Abraham tal como es—un hijo, esposo, padre de familia, hombre de negocios y músico. Un visionario. Espero que lo veas al igual que yo, como a un hombre que ha vivido y continúa viviendo una vida épica, siendo verdadero a sí mismo y a Dios.

Jennifer López

La primera vez que compartí con Abraham Quintanilla y su familia fue en los Premios a la Música Tejana en 1995. Yo fungía como Maestro de Ceremonias para este evento de estricta etiqueta con botas de vaquero, que se llevaba a cabo en el Alamodome en San Antonio. A pesar de que había escuchado la música de Selena y de pensar que era sensacional, hasta esa noche ni siquiera sospechaba la gran magnitud de su talento ni la gran fuerza de su carácter. Se notaba que había heredado de su padre el tener una presencia poderosa. Sin embargo, mientras Selena desbordaba entusiasmo y una luz mágica, Abraham poseía un espíritu tranquilo, modesto, y sin embargo con mucha confianza en sí mismo.

Esa noche, Selena recibió cinco Premios a la Música Tejana, lo cual rompió todos los récords. Entre esos premios, tuve el placer de presentarle los de Vocalista Femenina del Año, Canción del Año, y Artista Espectáculo Femenina del Año. Al recordar esa noche, lo que más revuela en mi cerebro es el orgullo enorme que se percibía en la cara de Abraham Quintanilla, como gerente de Selena. Ese orgullo, sin embargo, quedaba opacado por la gran felicidad de un padre al ver a su hija triunfar.

Antes y después de todo, Abraham Quintanilla es un padre de familia. Todo lo que comparte en este recuento de su vida, *El sueño de un padre: La travesía de mi familia en la música*, nos muestra que, junto a su devoción a Dios, sus niños y el bienestar de ellos siempre han sido la prioridad antes de cualquier otra cosa. Yo como padre también, entiendo las decisiones que ha tomado al criar a sus hijos, así como el amor incondicional que él tiene para su familia. También, como he sido músico, sé la atracción de la música, tal como la describe Abraham en el libro, como "una terca obsesión, una vez que llega a tu corazón, nunca la puedes sacar de allí." El combinar la música con los deberes de un padre definitivamente crea un difícil acto de balance.

Los relatos que más inspiran y las historias universales son acerca de personas que empezaron su jornada desde puntos de partida modestos y humildes, y tan sólo un sueño en las manos. Luego, con su perseverancia, determinación y talento, se convierten en todo lo que pueden ser y aún más. Esta es la historia de Abraham Quintanilla. Creciendo en Corpus Christi, Texas, él era hijo de una ama de casa y de un trabajador agropecuario. Su familia era considerada como pobre por cualquier estándar. Sin embargo, Abraham creció con amor y alimentado con la fe en Dios. Durante su juventud no tenía ningunas conexiones en el negocio de la música, pero si tenía ya en su alma una gran pasión por la música.

¡Además, cantaba muy bien! Pasó de pasarse las horas en los salones de baile de Corpus Christi cuando era un adolescente, a subirse a la tarima como parte de un trío de cantantes. Parafraseando el poema *Invictus*, Abraham decidió ser el capitán de su propio barco y zarpó con valentía, directo hacia las aguas del arte.

Las artes son la columna vertebral de la humanidad. En el cuerpo humano, la columna vertebral es el pilar que protege la espina dorsal, que carga los mensajes al cerebro y al resto del cuerpo. Ya sea cantar, bailar, pintar o escribir, las artes reflejan la esencia de la vida.

Es muy importante que toda persona que sea capaz de expresarse a través de una forma de arte, lo haga a su máximo potencial de habilidad y que tengan la disciplina para desarrollarse lo más posible. Cuando esto sucede, el entendimiento y el reflejo del alma y la cultura de una persona brillan a través de su trabajo. Esa es una de las razones por la cual Abraham y su familia tienen tanto éxito, y por qué la música de Selena aún conecta con el público. Hasta para aquellos que no entienden la letra de sus canciones en español, la esencia de su cultura y la entrega al arte de la música brillan fulgurantemente. La letra de *Bidi Bidi Bom Bom*, como la canta Selena, conectó con admiradores que hablaban español e inglés por igual. A través de su arte, el alma de Selena tocó nuestros corazones.

Este amor y el respeto por el arte y la cultura son las lecciones que Abraham les enseño a sus hijos. No habría una Selena, la artista, sin su padre Abraham, su madre Marcella, su hermano A.B. y su hermana Suzette. Abraham fue la fuerza de impulso que llevó a sus hijos a alcanzar la cumbre del éxito. A más de un cuarto de siglo desde que Selena nos fue arrebatada con el dolor de nuestros corazones, su legado y el legado de su familia permanece fuerte. Ese legado empezó con su padre, el grupo musical de su padre, su sueño y su entrega total al arte de la música.

Al sentarme a leer *El sueño de un padre*, pensé acerca de lo importante que es, que los Latinos que han alcanzado un alto nivel de éxito en cualquier campo compartan su historia escribiendo un libro y asegurar que esos libros estén en cada escuela y en la biblioteca local. El documentar un negocio familiar Latino exitoso nos remunera positivamente de muchas maneras. Enfoca no tan solo en el éxito de esa familia, sino también en la mejor manera cómo nuestra comunidad puede llegar al entendimiento de su propio potencial. Al saber acerca de las contribuciones que nuestra cultura ha hecho a las artes, los jóvenes

Mexicoamericanos, jóvenes Latinos, pueden concebir las posibilidades en su vida y así llevarlos a su propio éxito. El escuchar o leer acerca de los obstáculos y batallas que han sido vencidos, así como acerca de la entrega y la tenacidad que se requiere para tener éxito, se pasa el conocimiento a otros, quienes construirán sobre esos cimientos y, a su vez, perseguirán sus sueños para crear su propio éxito. Esta historia también ilumina a aquellos que pueden no haberse dado cuenta o quienes no se han percatado de las valiosas contribuciones que la comunidad Hispana ha hecho a la sociedad.

Abraham ofrece también un regalo muy especial en este libro—el regalo de la reflexión y de la curación. Él y su familia comparten sus pensamientos y sus sentimientos más personales e íntimos, al poner su fe en Dios y vivir con amor entre ellos después de la muerte trágica de Selena. Al compartir el credo de la familia acerca de la calidad curativa del amor, estas palabras pueden dar consuelo a aquellos quienes también han experimentado un gran dolor emocional y el sentir el corazón en mil pedazos.

Al leer *El sueño de un padre*, el lector entenderá que todos somos seres muy complejos y, aun así, todos también somos muy parecidos. Al compartir historias como la de Abraham y su familia, entendemos que estas experiencias necesitan ser escuchadas y discutidas. Nos damos cuenta, que las historias de éxito de cada grupo étnico y cultural deben ser documentadas y compartidas.

La mejor manera de empezar este proceso es de leer un libro. Lee libros de autores Latinos, o de autores afroamericanos, o de autores indígenas. Lee este libro. Incursionando en los relatos de Abraham, espero que veas la dinámica cultural de tu propia vida a través de sus experiencias en la vida. Entonces tú, también, te darás cuenta de la importancia y el beneficio de convertirte en el capitán de tu propio barco.

Edward James Olmos

Introducción

Me imagino que muchas personas se preguntarán porqué he decidido escribir este libro en esta etapa de mi vida. El llegar a este punto en mi vida es precisamente la razón por la cual decidí escribirlo. Desde hace mucho tiempo tenía en mente escribir un libro acerca de las experiencias propias y de mi familia en el mundo de la música, pero lo había ido aplazando año tras año. Pensé que sería criticado y acusado de sacar beneficio de la historia de mi familia. En mi corazón sabía que eso no era verdad, pero ese pensamiento sí me detuvo. Luego escuché que alguien dijo—La historia es creada por aquellos que la escriben.

He leído muchos relatos acerca de mí y de mi familia que realmente no son verdaderos. La historia que esos falso relatos detallaban no era nuestra verdadera historia. Sólo nosotros podemos contar nuestra historia. Además, a mis ochenta y dos años de edad, con una vida entera de experiencia bajo el escrutinio público, llegué a la conclusión de que todos debemos ser valientes y ser propietarios de nuestras vidas. Escribí este libro para que el público conozca nuestra historia tal y como la vivimos. Lo escribí para que todos sepan de nuestras batallas, nuestros éxitos y nuestras creencias. Una vez que decidí era el tiempo de sentarse y contar nuestra historia, ya no podía dar marcha atrás.

También siento que mi historia y las historias de mi familia son importantes para nuestra gente, la gente latina, la gente mexicoamericana. Por siglos, todos hemos luchado por ser aceptados y por lograr el sueño americano. Comparto nuestra historia para que el público sepa, como testigos dentro del escenario, cómo logramos lo que hicimos. Además, sentí que era importante que nosotros compartiéramos cómo sobrevivimos la tragedia de perder a nuestra hija y hermana, Selena.

Estoy muy orgullosos de todos mis hijos y de lo que han logrado en el mundo de la música. Estoy orgulloso de haber podido reconocer su talento y desarrollarlo de una manera que los prepararía para que se convirtieran en artistas. Mis niños nunca habían tocado un instrumento musical en sus vidas, pero aprendieron y se convirtieron en excelentes músicos y artistas con amor y guía. Deseo que otros padres de familia reconozcan la importancia de guiar a sus hijos, pasar tiempo con ellos y alentarlos. Espero que los padres de familia ofrezcan a sus hijos lo mejor de lo que tienen—su conocimiento, su experiencia, su historia y su amor. Es también mi deseo que los padres eduquen a sus hijos acerca de Dios.

La experiencia de mi familia puede alentar a otras personas y sus familias a seguir sus sueños y crear sus propios negocios. La comunidad mexicoamericana siempre ha sido orientada hacia los negocios. Mi papá y mis tíos todos fueron empresarios por su propia cuenta. Solíamos decir siempre que mi hermano menor, Isaac, podría vender cepillos para el pelo a un hombre calvo. En el presente, vemos cómo inmigrantes de México y América Latina llegan a los Estados Unidos con conocimientos sólidos acerca de negocios, empiezan sus empresas y triunfan. Trabajan arduamente para lograrlo y toman sus negocios con gran seriedad. Eso es parte de nuestra cultura latina y del patrimonio cultural mexicano de nuestra familia.

Nuestra familia entera hizo justo eso—trabajamos arduamente y pasamos por los sacrificios y tiempos difíciles. Esa experiencia no fue tan solo la mía, sino también la de todos nosotros, incluyendo a Selena, A.B., Suzette y mi amada esposa Marcella. Sacrificamos mucho para lograr nuestras metas.

Desafortunadamente, sucedió una tragedia.

La muerte de un ser querido es una experiencia dolorosa, lo cual hace difícil el poder enfrentar esa realidad. El mero hecho que le tenemos miedo a la muerte prueba que la muerte no es natural para nosotros. La muerte nos hiere emocionalmente. Algunas veces la gente nunca se recupera de ese dolor, un dolor que puede existir por el resto de su vida. Espero que nuestra historia ayude a la gente a darse cuenta de que pueden continuar sus vidas con Dios.

Me gustaría compartir mi conocimiento de la vida y dejar saber a la gente de que vamos a estar en diferentes caminos en esta travesía. Para emprender esta jornada, debemos estar preparados emocional, mental y espiritualmente. Habrá muchas vueltas y desviaciones y muchos obstáculos en el camino. Habrá trampas ocultas y peligrosas. Debemos maniobrar a través de la vida para poder enfrentar los desafíos, dar un abrazo a la vida, entenderla, y vivir.

La vida continúa sin importar lo que nos pasa. La esperanza vive en mi porque yo creo en nuestro Creador. Creo que puedo buscar fuerza en Él. Creo que cada ser humano lleva eso en su corazón—el conocimiento de que pueden acudir a su Padre, el Padre que está en los cielos, para buscar fuerza.

La vida en estos tiempos es complicada. Se que las personas que lean este libro podrán conectar sus propias historias de la vida con la nuestra. Espero que este libro de aliento para que todos vivan sus vidas de la mejor manera posible. Encuentren su propio camino, sigan sin descansar y nunca se den por vencidos.

Abraham Quintanilla

CAPÍTULO UNO

Siguiendo mi sueño

Septiembre de 1961

He transitado a través de la vida por un sinfín de carreteras y autopistas interminables. Los senderos que he recorrido a veces han sido abruptos y otras veces invitadores. Como la mayoría de le gente, he experimentado grandes alegrías y, desgraciadamente, como tantas otras personas, he caminado por valles de profundas tragedias. Todos esos caminos me han llevado a enfrentar tremendos retos y a efectuar cambios inimaginables. Los cambios siempre han sido enormes—ventarrones que, como un monstruoso huracán, borran todo lo establecido y me giran hacia una dirección totalmente diferente, con el reto de seguir luchando.

Uno de los cambios más grandes en mi vida comenzó en septiembre de 1961.

En esos días actuaba con mi grupo musical *The Dinos*, también conocidos como *Los Dinos*, por muchos años. Era una buena vida para un joven de veintidós años. La orquesta de once músicos viajaba a lo largo y ancho de los Estados Unidos, haciendo presentaciones para comunidades chicanas y mexicoamericanas en Texas, Arizona, California y la franja del medio oeste, divirtiendo a los latinos de esas localidades con nuestra mezcla de rancheras tejanas, cumbias y boleros, así como interpretando los más recientes éxitos *Doo-Wop* y rocanrol en inglés. Éramos nuestra propia orquesta de *crossover*, cantando en español y en inglés, construyendo con nuestra música un puente para los latinos que amaban sus dos culturas, la mexicana y la americana.

Usualmente nos empacábamos como sardinas en dos vagonetas, cada una arrastrando un remolque con nuestros instrumentos y nuestro vestuario, zigzagueando por todo el mapa como trovadores ambulantes. En Phoenix, McAllen, Los Ángeles, San José y Chicago nos recibían jubilosos los trabajadores mexicoamericanos de fábricas o trabajadores del campo, quienes deseaban terminar su semana de labores disfrutando de buenos momentos, escuchando la música que amaban y bailando hasta el amanecer.

Y Los Dinos les daban gusto.

Éramos una buena orquesta con sólidas credenciales musicales. Tomábamos nuestro trabajo con seriedad. Éramos profesionales con un amor sincero por la música.

Seff Perales, Bobby Lira y yo entregábamos el corazón como cantantes. Los músicos eran un grupo rotante de talentosos ejecutantes, incluyendo el bajo, la guitarra, batería y una sección de vientos espectacular. Entre los músicos se encontraban Johnny Cadena, Rudy Perales, George Martínez y, en la sección de vientos, en saxofones, a los hermanos Ramírez, así como a Luis Flores y Ram Amaya en las trompetas. Floyd Hannah se destacaba tocando majestuosamente en el órgano Hammond. Además de cantar, yo también era el líder del grupo, haciendo negocios con los promotores, actualizando los itinerarios y asegurándome que los miembros de la orquesta recibieran su pago al final de cada presentación.

Éramos una familia, una orquesta musical de hermanos.

Durante el noveno mes de 1961, uno de los miembros de la orquesta, Bobby, recibió una carta del Tío Sam, el gobierno de Estados Unidos. Bobby nos mostró el aviso preliminar durante un ensayo y lo leyó a todos los miembros. Se le había requerido viajar a San Antonio y someterse a un examen físico preliminar. Si pasaba el examen, Bobby sería incorporado al servicio militar.

A mí no me preocupaba que me llevaran al servicio militar. En esos momentos la edad para incorporar a una persona en el servicio militar era de dieciocho años, y yo ya tenía veintidós. La Guerra de Corea había terminado. El gobierno apenas había empezado a enviar asesores a Vietnam. Estaba ocurriendo también la crisis de Berlín, mientras la crisis de Cuba se tranquilizaba. Sin embargo, no había ningún tipo de batallas grandes en el mundo. Tomado todo esto en cuenta, decidí que el reclutamiento en el servicio militar ya no me tocaría.

Discutimos qué significaría para la orquesta el perder a uno de nuestros cantantes por dos años. ¿Podríamos reemplazarlo? ¿Deberíamos? ¿Sería esto el final del grupo musical? Un pesado silencio llenaba el cuarto mientras todos analizábamos el incierto futuro. De pronto, alguien irrumpió—Todos debemos de hacernos voluntarios para enlistarnos en el servicio militar, en el ejército y en la sección de entretenimiento.

En esos años había una división especial del Ejército que se encargaba del entretenimiento para las tropas de Estados Unidos estacionadas por todo el mundo. Esta división de artistas y músicos viajaba a instalaciones y campos militares, entregando espectáculos para las tropas, incluyendo música en vivo, magos, malabaristas y comediantes. Nos entusiasmó imaginarnos en un escenario en algún lugar en la selva, entregando nuestra música y llevando alegría a la vida de esos jóvenes militares. Entre más lo discutíamos, mejor sonaba la idea.

Finalmente decidimos que el plan propuesto tenía suficiente mérito como para consultarlo con el sargento de reclutamiento en Corpus Christi. Como líder de la orquesta, le expresé lo que queríamos: enlistarnos como grupo, mantenernos juntos y servir en el servicio militar como artistas. El sargento escuchó atentamente y le gustó la idea. Siguiendo nuestra petición, él escribió una carta estableciendo que todos tomaríamos el examen físico previo al reclutamiento. Si todos pasábamos el examen físico, todos nos haríamos voluntarios para el servicio militar. Si uno de nosotros no pasaba el examen, el trato quedaba deshecho y entonces sólo Bobby se incorporaría al ejército.

Dentro de una semana manejamos el corto tramo de dos horas desde Corpus Christi hasta San Antonio para tomar el examen. Era un examen simple. El personal médico midió nuestra estatura y nuestro peso, y luego revisaron nuestros dientes, ojos, oídos y nariz. Nos sacaron sangre para una prueba y nos preguntaron unas cuantas preguntas psicológicas. Después de eso emprendimos el camino de regreso a casa, llenos de entusiasmo e imaginándonos una nueva y grandiosa aventura.

Unos días más tarde, cada uno de nosotros recibió una carta con los resultados del examen físico. Cada miembro de la orquesta había pasado el examen, excepto Bobby.

El trato se esfumó.

El grupo musical continuó haciendo presentaciones, tocando en Corpus Christi para bodas, reuniones y en bailes producidos por los promotores locales. La idea del servicio militar en la sección de artistas se había borrado.

De pronto, exactamente un mes después de la fecha cuando fuimos a tomar el examen físico, recibí una carta del gobierno de Estados Unidos. Nunca entenderé cómo o porqué, pero me imagino que cuando fui con el resto del grupo como voluntario para el examen previo al reclutamiento para ingresar a la división de artistas, los reclutadores militares probablemente pensaron, *Hombre soltero, sin hijos. Este joven quería enlistarse, así es que vamos a enlistarlo.*

La carta me ordenaba a reportarme al servicio militar en dos semanas. ¡Estaba siendo incorporado a las filas del ejército! ¡Qué desgracia! Ese no era mi plan. Alejarme de la orquesta por dos años interferiría con el grupo y generalmente cambiaría mi vida. Ahora tendría que dejar la vida que tanto disfrutaba, por dos años. Sin embargo, también sabía que no tenía opción. Tenía que enfrentar mi nuevo futuro. Yo estaba furioso contra el mundo entero.

Antes de irme, decidí que lo mejor sería encontrar a otro cantante que me reemplazara en la orquesta. Yo quería que el grupo continuara sus presentaciones, pues se había convertido ya en un negocio. Yo no recibiría ningún dinero de las presentaciones mientras estuviera lejos, pero me sentía responsable y quería que los demás miembros continuaran trabajando y ganándose el pan de cada día con la orquesta. Pedí a un buen amigo mío, Arnulfo Contreras, a quien yo llamaba "Nene," que entrara al grupo en el trío de voces con Bobby y Seff. Arnulfo aceptó inmediatamente.

Al llegar el día de reportarme, no hubo ninguna fiesta de despedida. El ejército sólo permitió que llevara una camisa, un par de pantalones, ropa interior y mi rastrillo. No tenía ninguna fotografía para llevar de recuerdo, pues nunca me gustó tomarme fotos. Mis padres me llevaron a la estación de autobuses, donde una muchedumbre de aproximadamente 75 jóvenes reclutas y sus familias se apretujaban en la sala de espera. Entre ese mar de gente, se me ocurría que tal vez el gobierno estaba incorporando al servicio militar a casi todos los jóvenes mexicoamericanos en el sur de Texas.

Dije adiós a mi querida madre con un beso lleno de amor y a mi padre le di un fuerte abrazo. Luego abordé el autobús, tomando también la ruta de mi nueva vida.

Recuerdo mirar por la ventana del autobús y ver como mi padre se subía al carro mientras mi adorada madre se sentaba en el asiento del frente, junto a mi papá. Ella lloraba desconsoladamente, secando sus lágrimas con su delicado pañuelo. Me dolió hasta el alma verla sufrir de esa manera.

Después de un corto viaje llegamos a San Antonio, donde se nos ordenó abordar un tren que nos llevaría al Fuerte Carson, cerca de Colorado Springs, Colorado. Llegamos a ese pueblo en la montaña al siguiente día, justo en pleno invierno. Me enlisté en el ejército el 28 de noviembre, 1961.

La vida en el ejército

Había viajado por todo Estados Unidos con mi orquesta de hermanos, pero nunca había estado en Colorado. ¡Cielos, este lugar estaba congelante! ¡No era un frío agradable, era un frío brutal que llegaba hasta los huesos! La altitud de la instalación militar hizo la situación aún más complicada para este tejano que había nacido y crecido cerca de la playa, al nivel del mar. Además de hacer un gran esfuerzo para sentir un poco de calor en medio de esas montañas cubiertas con blanca y gélida nieve, yo tenía una gran dificultad para respirar.

Nos entregaron nuestros uniformes y las botas de combate, nos hicieron el corte de pelo típico del ejército, pelón, y pusieron en nuestras manos un rifle. Era la primer vez que tenía contacto con un arma de fuego. El entrenamiento básico comenzó y consistía de trabajo académico en el salón de clases, entrenamiento físico y marchas interminables.

En uno de los salones de clase un instructor nos preparaba para la vida en el ejército enseñando a todos los reclutas todas las cosas militares, incluyendo las destrezas fundamentales de pelear usando bayonetas, entrenamiento de primeros auxilios, y el mecanismo del rifle. Yo soy un producto innegable de la crianza que me dieron mis padres, y todo el tiempo me enseñaron acerca del valor de la vida. Yo no creía, ni creo ahora, en matar a mis semejantes. Yo ni siquiera había ido de caza porque tampoco me gusta matar animales. Todos estos conflictos en mi cabeza hacían que el hacer fila y los entrenamientos con el rifle fueran un verdadero tormento para mí.

Nuestro pelotón de aproximadamente cien hombres salía marchando hacia el campo de entrenamiento para conducir

los ejercicios con el rifle. A todos se nos ordenaba estar ergui-
dos sosteniendo el rifle y la bayoneta cruzando sobre el pecho.
El sargento del pelotón se puso de pie sobre una tarima alta y
gritó a todo pulmón—¿Cuál es el lema de de la bayoneta? Se
nos había enseñado a acuchillar el viento con el rifle, la bayoneta firmemente adherida, y gritar—¡Matar, Matar! No me na-
cía el decir esas palabras y no quería hacerlo. Esas palabras iban
contra mi concepto de moralidad. Para escaparme un poco de
decirlas, hacía todo lo posible por quedar en el centro del grupo,
y cuando el sargento del pelotón gritaba—¿Cuál es el lema de la
bayoneta?— yo movía levemente mi bayoneta sobre el pecho y
balbuceaba las temidas palabras.

No lo voy a negar, yo era un rebelde. Este era un aspecto
de mí que yo conocía muy bien, pero a otros probablemente
les tomaba por sorpresa. Yo no quería estar en el servicio militar. Dentro de mí sentía que se me había dado un mal juego
de barajas y me sentía forzado en estar allí. Sabía que podría
sobrevivir si tan sólo no les permitía conquistar mi mente. No
importó cómo y de cuántas maneras lo intentaron, el ejército
nunca pudo controlar mi mente.

No estaba al tanto de Los Dinos ni de mi familia mientras
estuve en el servicio militar. Cuando me fui al ejército mis her-
manitos eran muy pequeños para escribir o para leer. Mi mamá
había estado enferma la mayor parte de su vida adulta con ar-
tritis reumática, lo cual hacía la escritura imposible. Por lo tanto
solo me quedaba hacer unas cuantas llamadas para hablar con
mi madre y asegurarle que yo estaba bien. Los Dinos siempre estaban de gira, lo cual hacía muy problemática la comunicación.

Durante mi entrenamiento básico no le dije a nadie que
era músico ni que había estado en una orquesta. Me mantuve

aislado porque en realidad no había tiempo libre para hablar acerca de nuestras vidas civiles. No hay tiempo para establecer amistades durante el entrenamiento básico. Teníamos un itinerario desde el momento que despertábamos hasta la hora en que íbamos a dormir. La organización militar tiene maestría en doctrinar a los reclutas para que se olviden de la vida civil y que se apeguen sólo a su vida militar. Había muy poco tiempo para pensar en otras cosas.

El poco tiempo libre que se nos daba, la mayoría de nosotros lo usábamos para ir a la tienda para soldados en la base, el Post Exchange, o PX. El PX tenía un tocadiscos y los soldados dejaban sus monedas de diez centavos allí. Lo más curioso es que tocaban las mismas canciones populares una y otra vez. Una de las canciones preferidas era *Sherry*, éxito de Four Seasons. Otra era *The Lion Sleeps Tonight* (El león duerme esta noche), éxito de The Tokens. Hasta el día de hoy, no importa cuánto tiempo pase, cuando escucho esas canciones mi mente viaja inmediatamente a mi entrenamiento básico, en el PX del Fuerte Carson en Colorado.

Siempre me ha asombrado el gran poder de la música y de cómo te transporta a través del tiempo y la distancia. Es verdaderamente fascinante cómo la música y nuestras mentes trabajan en conjunto para controlar nuestros sentimientos, aunque nosotros estemos de acuerdo o no.

Pasé ocho semanas en Fort Carson y de allí me mandaron a Aberdeen Proving Ground en el estado de Maryland, para otras ocho semanas de entrenamiento en lo que sería mi especialidad mientras estuviera en el servicio militar. Aberdeen Proving Ground es la base militar donde el Ejército de Estados Unidos entrena en tecnología y equipo de protección inteligencia, incluyendo revólveres, explosivos y tanques de guerra. Algunos reclutas reciben entrenamiento en destrezas que pueden utilizar a su regreso a la vida civil, como médicos, cocineros, mecánicos u operadores de radio. Sin embargo, para mi mala suerte, el entrenamiento seleccionado para mí no me iba a ayudar en la vida civil. ¡Cuando menos esperaba que no! ¡Me mandaron a una escuela para aprender acerca de explosivos!

En su mayor parte el entrenamiento pasó sin ningún contratiempo. Habían veintiocho soldados en mi clase. Después de la graduación, veintisiete fueron asignados a Francia. ¿Y yo? A mí me mandaron a Camp Roberts, California, y hasta hoy no sé por qué. El ejército no te da calificaciones o un diploma. Puedo deducir que fui o el mejor en el trabajo o el peor. Nunca lo sabré.

Unos días después me encontraba en un campo militar en Paso Robles, California. Durante la Segunda Guerra Mundial ese campo fungió como el centro de entrenamiento militar más grande en el mundo. Cuando llegué, el único personal militar en el campo militar eran los miembros de la Compañía 576 de Explosivos y Municiones. La compañía estaba encargada de suplir a las unidades de combate con armas y municiones, incluyendo la evaluación y el mantenimiento del equipo. También era usado para entrenar a miembros de la Guardia Nacional a cómo disparar las armas de alto calibre. El trabajo de soldados como yo era de pasar los proyectiles de cañón de noventa milímetros a los soldados de la Guardia Nacional, quienes luego los insertaban en el cañón y los disparaban al tiro al blanco a veinte millas de distancia. Eso era en verdad ser testigos de un logro increíble.

Después de Camp Roberts, mi siguiente asignatura fue a Fort Ord en Monterrey, pero no Nuevo León, sino al norte de California. Estuve allí por sólo un mes y luego encaminé mi carrera militar a Fort Lewis, en Washington, justo en las afueras de Tacoma, Washington. Aunque no lo sabía, ya entonces se estaba materializando otro gran cambio en mi vida.

En el Fuerte Lewis tenía el mismo trabajo trabajando con explosivos y municiones. Ya para entonces mi especialidad se había convertido en un trabajo rutinario, pues después del entrenamiento básico y el de especialización todo sucede con un ritmo predecible. Te levantas temprano, vas a trabajar, desempeñas tu trabajo, sales a las 5 PM y tienes el resto del día y los fines de semana para ti mismo.

La mayor parte del tiempo me pasaba el tiempo solo, en mi mundo. Luego conocí a un compañero tejano, Rudy Domínguez, de mi ciudad, quien disfrutaba de la música y quien también estaba asignado en el Fuerte Lewis. Hasta el día de hoy, Rudy y yo aún somos amigos. También conocí a otro soldado de San Antonio, Arnoldo de la Garza, quien tocaba la guitarra. Yo también tocaba guitarra, por lo cual hicimos una buena conexión y nos reuníamos para rascarle a las guitarras y hacer algo de ruido.

Mi vida militar continuaba y algunas personas podrían decir que yo era un soldado problemático. Yo sabía que la mayoría de los soldados me tenían miedo por alguna razón que nunca he podido entender. Tal vez era la manera de cómo me comportaba. Quizás sólo me miraba como alguien que causaba problemas. Y esa impresión no era tan solo de mis compañeros soldados. Durante mi estancia en Fort Lewis uno de mis Sargentos del Pelotón entró a nuestras barracas y anunció —Necesito un grupo de diez hombres para limpiar esta área. A lo que se refería era limpiar el área afuera de las barracas, recogiendo bachichas de cigarros y basura, haciendo que el área luciera inmaculadamente limpia.

El Sargento apuntó a nueve hombres y dijo —Tú, tú, tú. Luego me apuntó a mí y dijo —y tú, Quintanilla.

Yo lo miré fijamente y le contesté—búsquese a alguien más. Él dijo—PFC Quintanilla, sígame.

Me llevó afuera de las barracas y con mucha seriedad me dijo—Mira, si no quieres hacerlo lo entiendo, pero no lo digas enfrente de los demás soldados.

Así soy yo. Esa era mi manera de comportarme y es como he sido siempre. No tengo de decir lo que pienso. Yo no quería estar allí. Lo que me llevó a ese lugar fue una serie de eventos de los cuales yo no tuve control. El ejército tenía mi cuerpo pero no mi mente. Tampoco mi corazón. Jamás podrían cambiar mi manera de pensar o convertirme en un hombre sumiso. ¿Qué si era problemático? Tal vez, pero todos necesitamos ser honestos y ser como somos de verdad.

Haciendo préstamos

Para la mayoría de los soldados el fin de semana significaba libertad, especialmente durante los fines de semana de paga. Los soldados recibían su cheque da pago y salían directo al pueblo más cercano para malgastar su dinero en bebidas, juegos y diversiones. Después estaban sin dinero por el resto del mes. A mí nunca me ha gustado tomar bebidas alcohólicas, hasta el día de hoy. Cuando recibía mi cheque de paga de $78 dólares me quedaba con los $78 dólares. Los otros soldados se gastaban todo su sueldo y necesitaban pedir prestado por el resto del mes. Siempre he sido muy bueno para los negocios, así es que miré una oportunidad para ayudar. Empecé prestando dinero con interés. ¡Cien por ciento de interés! Te presto $10, me pagas $20, te presto $20 me pagas $40.

Los soldados siempre me pagaban porque me tenían miedo. Y no era que yo les diera una razón para que me tuvieran miedo, pero esa era la realidad. Creo que en parte se debía a que en esos tiempos los soldados anglo y los afroamericanos tenían miedo a todos los mexicanos. Creían el estereotipo y pensaban *Los mexicanos son pequeños de estatura, pero cargan cuchillos grandes*, lo cual, por supuesto no era verdad. Pero yo no sería quien aclarara con la verdad. Yo quería que me pagaran.

Había entre los soldados este muchacho anglo de Detroit, Norman Bamford. Norman les decía a nuestros compañeros soldados —¡Nunca voy a volver a salir con Abraham! ¡Fuimos al pueblo y golpeó a dos hombres!

Yo no había golpeado a nadie, pero todos lo tomaron en serio. Pude haberlo corregido, pero servía para el propósito cuando llegaba el tiempo de colectar los préstamos.

Guardé la mayor parte del dinero que recibí haciendo préstamos. Tenía un plan en mente y era que tan pronto saliera del ejército en cerca de un año regresaría a Texas y me uniría de nuevo a Los Dinos. El único lujo que me di fue el comprar un carro usado, un Ford Business Coupe 1954, blanco. Tan pronto saliera, ese carro me llevaría de regreso a casa. Además, el tener un carro me daba la libertad de ir a los pequeños pueblos alrededor de la base militar y conocer el área.

La chica del pantalón gris

Más o menos en esta temporada me transfirieron del Fuerte Lewis al Centro de Entrenamiento de Yakima, al norte de la ciudad. Llegué un viernes, por lo cual empecé con un fin de semana libre. El sábado por la mañana decidí conducir a la ciudad de Yakima para ver si encontraba alguna gente mexicana allí. Cuando estás lejos de casa te nace un gran deseo de encontrar a tu gente, aquellos que comparten tu cultura, tu lenguaje, y tus gustos. Al llegar a la ciudad, pude ver el primer comedor al lado de la carretera: ¡el Café Hernández! Sonreí con gran felicidad y pensé, *¡Sí, también estamos aquí!*

Esa noche fui a un club nocturno llamado The Alaska Corral. Puede ser que mi gente vivía en Yakima, pero no los pude encontrar en el Alaska Corral. Toda la clientela eran anglosajones. Sin embargo, la música era muy buena y yo tenía muchas ganas de bailar. Una chica muy bonita de pelo rubio se mostró muy amistosa y prontamente entablamos una conversación. Bailamos unas cuantas canciones y cuando llegó la hora de que cerrara el club, le pregunté si le gustaría salir a ver una película conmigo al día siguiente. Con mucho gusto escuché cuando me dijo que sí, y me dio su dirección para que pasara por ella.

La linda chica rubia vivía en Wapato, cerca de diez millas de retirado de Yakima. Wapato está a la entrada de la Reservación de Indios Yakama, una de las reservaciones de indios americanos más grande en nuestro país, ocupando un área de más de 2,100 millas cuadradas. Existe un número de pueblos dentro de la reservación, incluyendo a Parker, Harrah, la capital de la reservación, Toppenish, y Wapato. El significado de Wapato en el lenguaje nativo de los Yakama era de "patata" o "papa." Wapato era un pueblo pequeño, con una población de aproximadamente 3,000 personas.

Era ya el domingo por la mañana y yo manejaba por la única calle principal rumbo a la casa de la linda rubia para llevarla al cine. Justo cuando manejaba noté a dos jovencitas caminando por la banqueta. Solamente podía ver sus espaldas, pero noté su pelo intensamente negro. También note que una de las jóvenes, la de pantalón gris, tenía una figura muy bonita.

Me preguntaba si serían chicanas o indias americanas. Mi conocimiento acerca de los indios Yakama era muy limitado, pero sabía que de alguna manera tenían ciertos rasgos asiáticos. Al pasar cerca de ellas pude ver sus rostros y me dije a mí mismo—definitivamente son chicanas. Y esa del pantalón gris está muy bonita. ¡Se ve muy bien! Manejé unas dos cuadras hacia adelante, estacioné mi carro y salí a esperarlas. Recargado en mi carro, tratando de verme interesante, esperé a que pasaran las chicanitas para conversar con ellas. Pero justo antes de que llegaran a donde yo estaba, entraron a un cine. ¡Estuve a punto de conocerlas, pero no se me hizo!

Miré mi reloj y calculé que las chicas saldrían del cine en una hora y quince minutos. Aún con deseos de conocer el área un poco mejor, manejé hacia el siguiente pueblo, Toppenish. El lema del pueblo era "Donde el oeste vive todavía." Manejé alrededor del pueblito, que más parecía como el escenario para una película. Después de aproximadamente una hora, regresé en mi carro a Wapato.

¡Llegué justo a tiempo! Las dos chicas estaban saliendo del cine. Mi misión quedaba clara. Me estacioné y las seguí hasta alcanzarlas. Me presenté y empecé a caminar a su lado, tratando de hacer algo de conversación. La chica del pantalón gris me esquivó, ignorándome por completo. La otra chica era mucho más amistosa, definitivamente. Entramos a un restaurante local, el Dairy Queen, y nos sentamos en asientos compartidos y ordenamos refrescos Coca-Cola. La chica del pantalón gris se sentó al lado de la ventana y nunca volteó ni siquiera a verme. Acabé de tomarme la soda, les dije adiós y me encaminé a mi carro.

Pero no me fui de Wapato. Me subí al carro y manejé por sus calles, hasta que vi a las dos chicas salir del Dairy Queen. Les di unas dos cuadras de distancia, donde no se dieran cuenta que las seguía, pero aún podía ver hacia dónde se dirigían. Me pongo a pensar hoy, y lo que estaba haciendo ahora lo llaman "acecho," pero había una fuerza mucho más poderosa que yo y que tomó control de mí mismo. ¡Tenía que conocer mejor a la chica del pantalón gris!

Después de un rato pude ver que las chicas finalmente se despidieron y tomaron su rumbo cada una, la chica del pantalón gris encaminándose por un corto sendero y entrando a una casa. Anoté la dirección y manejé de regreso a la instalación militar. ¡Fue entonces que me di cuenta de que me había olvidado completamente de la muchacha de Alaska Corral con quien tenía cita para ir a al cine!

Ese lunes yo salí del trabajo a las 5:00 P.M. Me bañé, me vestí y me dirigí en mi auto, manejando cuarenta millas, hacia Wapato. El trayecto fue directo hasta la casa donde vi que entró la chica del pantalón gris. Me estacioné, luego caminé hasta la puerta y, decidido y nervioso, toqué la puerta. La mujer que contestó la puerta se miraba como que pudiera ser la mamá de la chica. No dijo una sola palabra. Tan solo se quedó parada observando, como preguntándose—¿Quién rayos será este muchacho? Respiré profundamente y le dije—Mi nombre es Abraham Quintanilla . . . soy amigo de su hija—luego adorné mi cara con mi mejor sonrisa, agregando—y vine a visitarla.

Pude ver cómo la mujer trataba de decidir si aceptaba mi visita o no. Por la expresión de su cara, estaba entre dejarme entrar o cerrar la puerta en mis narices. Súbitamente se me ocurrió que tal vez yo la había asustado, pero inmediatamente concluí, *Ya estoy aquí, además, ¿qué puede hacer ella?* Después de lo que pareció una eternidad, la mamá de la chica de diecisiete años, Marcella Ofelia Samora, abrió la puerta de su hogar y dijo—Bueno, estamos cenando, pasa.

Mi matrimonio con Marcella

Después de esa primera presentación, me convertí en frecuente invitado para cenar en la mesa de la familia Samora. Salía del trabajo a las 5:00 PM de la tarde y manejaba las cuarenta millas para compartir mi tiempo con Marcella. Desde el día que la conocí y cuando pude charlar con ella, supe que ella era la chica con quien yo me casaría, la mujer con quien quería pasar el resto de mi vida.

Como todo músico, yo tenía muchas novias. Es verdad también que a las chicas les gustan los músicos. Sin embargo, cada vez que alguna chica que había conocido mientras tocaba en los clubes y los bailes se empezaba a poner muy romántica, yo me desaparecía. No quería tener nada serio con ninguna de ellas.

Cuando vi a Marcella, en ese mismo instante supe que ella iba a ser mi esposa. Así es como lo sentí hasta la médula de mis huesos y en mi corazón. Marcella creció en un rancho. Ella y su hermana tenían que ordeñar la vaca antes de irse a la escuela. Pude ver todas las buenas cualidades que ella tenía y pude también conocer su personalidad. Pero aún sin esas cualidades y esa personalidad, me hubiera casado con ella. Estaba totalmente enamorado de Marcella. Había entre nosotros una atracción magnética. Tal vez no me habló la primera vez que nos conocimos. Tal vez ni siquiera volteó a verme, pero un hombre sabe cuando tiene una conexión especial con una mujer. Yo sabía que yo le gustaba a ella.

Después de verla todos los días por varias semanas, le dije que me quería casar con ella. Y Marcella dijo—Sí. Ella estaba por cumplir los dieciocho años y yo por cumplir mis veintidós.

El 8 de junio de 1963, tres meses después de mi propuesta de matrimonio, nos estábamos casando. Fue una boda sencilla. Tenía que ser así, pues yo sólo tenía $50 dólares en mi bolsillo. Contratamos a un Juez de la Paz y le pagamos $10. A mi relucientemente nueva suegra le di $25 para que comprara pollos e hiciera una comida para la boda en su casa. Los hermanos de Marcella llegaron desde Seattle. Algunas de las amigas de la escuela de Marcella también asistieron a la fiesta.

A mi nuevo suegro Ralph le gustaba tomar. Ralph me caía bien. Era un tomador feliz. Después de unas cuantas cervezas o bebidas quería abrazar y besar a todo mundo. Él quería cantar y disfrutar de la fiesta. El día de la boda, Carmen le dijo a Ralph— No quiero que tomes hoy en la fiesta de la boda.

Sin embargo, algunos de los amigos de Ralph llevaron whiskey a la fiesta y, sin pensarlo un segundo, Carmen cerró las puertas de la casa y dejó a Ralph afuera.

En Wapato no había nadie con aire acondicionado en su casa en esos tiempos. Ya que Ralph estaba fuera de la casa y sin disfrutar la fiesta, camino alrededor por un lado de la casa y encontró una ventana abierta y así se pasó el resto del día, mirando por la ventana y disfrutando de las festividades. De vez en cuando me decía—¡Hola, AB, te quiero! ¿Vas a cuidar mucho a mi hija, verdad? Aunque había tomado mucho, su mayor preocupación era su hija. Tan grande así es el amor de un padre.

Después de la comida, la hermana de Marcella amarró botes a la defensa de mi carro. Yo no soy el tipo de persona a quien le gusta llamar la atención de esa manera. No me quería ir, pero la hermana de Marcella insistía —¡Ándale, aguafiestas, es tu boda!

Yo quería que Marcella se sintiera feliz, así es que me lancé al asiento trasero del carro con Marcella, pero me deslicé hasta abajo, hasta que estaba más debajo de la línea de la ventana. Estoy seguro que los residentes del pueblo quedaron sorprendidos al ver a una novia feliz, saludando por la ventana, con las latas de lámina haciendo estrepitoso ruido y el claxon sonando. ¡Y la novia iba sola!

Con el poco dinero que me quedaba, manejamos a Yakima y rentamos un cuarto. Fue una coincidencia total, pues nos casamos el día ocho, la encargada del hotel nos dio la habitación número ocho y nos costó ocho dólares.

Me quedaban unos tres dólares en el bolsillo. El siguiente día, Marcella y yo teníamos hambre y fuimos al cruzar la acera a un nuevo restaurante que acababa de abrir. Kentucky Fried Chicken justo había empezado su cadena de restaurantes. ¡Teníamos tanta hambre y el pollo estaba tan delicioso que yo me quería comer hasta los huesos! Supongo que el realmente estaba "para chuparse los dedos."

Después de gastar cada dólar que teníamos, tuvimos que regresar con los suegros. Los hermanos de Marcella, quienes viajaron desde Seattle para la boda, estaban allí con sus esposas. Una de las parejas se estaba hospedando en la habitación de Marcella. Debido a que la boda era la primera ocasión en que los conocía, más bien me sentía como un extraño entre ellos.

Estábamos todos sentados en la sala mirando televisión, cuando me percaté que Marcella y su madre sacaban una cama para visitas del clóset y la pusieron a un lado de la sala. Desdoblaron la cama, la cubrieron con una sábana y rociaron algo de talco sobre ella.

—¿Para qué es la cama?—pregunté extrañado.

—Vamos a dormir aquí esta noche—me contestó.

Yo le dije—Tú vas a dormir aquí. Yo me regreso a dormir al campo militar.

Nuestra segunda noche de casados yo regresé al campo militar y dormí en mi camastro.

Marcella durmió en casa de sus padres. Eso fue hace cincuenta y seis años y aún estamos felizmente casados y durmiendo en nuestra propia casa.

La vida de casado y militar

Unos meses después de que nos casamos, el ejército me transfirió a Fort Lewis, a 150 millas de Wapato. Marcella ya estaba embarazada con nuestro primer hijo. El día que salí rumbo a Fort Lewis, Marcella estaba devastada y llorando a mares, pero yo tenía que reportarme a mi nuevo campamento. Llegué a Fort Lewis, hice todo lo que se me asignó por una semana y tan pronto llegó el fin de semana maneje sin parar hasta llegar a Wapato. Marcella estaba sentada en la cama donde durmió cuando era niña, con una gran barriga, y aún lloraba sin parar. Cuando me miró no sabía qué hacer. Yo sólo le dije—recoge toda tu ropa. Te vas a ir conmigo.

Manejamos a Puyallup, donde vivían Gilbert, el hermano de Marcella, y su esposa Bonnie. El pueblo estaba a quince millas del campamento. Siempre estaré agradecido con Gilbert y Bonnie por darnos cobijo en su casa con tanta bondad.

Mientras tanto, en el Fuerte Lewis nos llevaban de vivac en el campo cada unas cuantas semanas. El pelotón salía hacia el bosque, perdidos en la arboleda, y establecíamos tiendas de campaña personales. Jugábamos a ser soldados, practicábamos tácticas para sobrevivir y métodos de rastreo—todas estas destrezas muy útiles si te ibas a quedar por mucho tiempo en el servicio militar.

Yo detestaba todo eso. No me gusta ir al campo, yo soy una persona de la ciudad. Soy un hombre que conoce las calles. Nací y crecí en la ciudad. Había un grupo de soldados blancos a quienes les encantaban estas actividades. Probablemente fueron niños exploradores en su juventud y la experiencia tal vez les trajo recuerdos. Por otro lado, todos los soldados mexicoamericanos se quejaban cada vez que íbamos de vivac al campo. Ellos no querían dormir afuera en una pequeña tiendita de campaña.

Estábamos de vivac en el campo cuando los Estados Unidos experimentó uno de los días más obscuros el 22 de noviembre de 1963. Alguien había prendido el radio del jeep para conectar con el campamento principal. A todos se nos informó que el Presidente Kennedy había sido asesinado en Dallas, Texas.

Todos estábamos preocupados que el trágico acontecimiento podría ser el inicio de una guerra. ¿Con cuál país? No estábamos seguros. ¡A los soldados les encanta empezar rumores y los rumores volaban como palomas! Se dijo que el ejército no daría de baja a los soldados que estuvieran cerca de su fecha de fin de servicio. El ejército iba a retener a cada soldado disponible en caso de que empezaran disturbios de pleitos, o peor. Me quedaban seis días para completar mi servicio militar y estaba muy preocupado.

Los rumores fueron falsos y salí del ejército el 28 de noviembre de 1963.

La vida después del servicio militar

Había terminado los dos años de requisito en el servicio militar. Me había casado. Además, mi esposa estaba esperando nuestro primer niño. En el servicio militar, veinticuatro horas después de haberte dado de baja estabas a tu suerte. El ejército no cubre nada, y punto. De acuerdo a los doctores militares, el niño nacería antes del 28 de noviembre. El 28 de noviembre llego y se fue. El niño no había nacido todavía.

Marcella estaba por dar a luz en cualquier momento, por lo cual no podíamos viajar de regreso a Texas. No tuvimos otra opción que regresar a Wapato y quedarnos con su familia. En realidad yo tampoco tenía suficiente dinero para hacer el viaje o para conseguir un lugar para vivir una vez que llegáramos a Texas. Tenía que buscar trabajo.

El primer lunes después de salir del ejército viajé a Yakima para buscar negocios que estuvieran solicitando empleados.

Pasé un restaurante Denny's nuevo y que no estaba abierto. En la ventana vi un rótulo que decía "Se solicitan cocineros." Yo nunca había ni tan siquiera hervido el agua, pero estaba desesperado. Entré y puse una aplicación. No me da orgullo el decir que mentí, pero lo hice. Tenía que hacerlo. Escribí que yo había sido cocinero en el ejército, Salí de allí pensando—De cualquier manera nunca me van a llamar.

La siguiente semana llegó la sorpresa—el restaurante Denny's me estaba llamando con una oferta de empleo. El restaurante tendría su gran apertura el lunes. Yo podía empezar ese día. Decidí que ellos también estaban tan desesperados como yo.

En esos días, el personal del restaurante Denny's usaban un uniforme de chef que hacía que todos los empleados se miraran como chefs con experiencia. Los pantalones, la camisa y el mandil eran de un blanco deslumbrante. Había también una bufanda de cuadritos café y blanca para ponerse en el cuello. Para complementarlo todo, teníamos una gorra de chef café y blanca a cuadritos. Ya me miraba como un chef de verdad.

Yo era el primer cocinero en el turno del desayuno cuando abrieron las puertas de ese nuevo restaurant Denny's. Allí estaba yo, parado en atención militar, esperando a que el primer cliente entrara, lo cual sucedió un poco después de las 6:00 A.M. La mesera tomó su orden y la colgó en la rueda de órdenes. Tomé la orden. La miré, traté de leerla y mis ojos parpadearon varias veces. Parecía una receta escrita por un doctor. No podía leerla. No soy el tipo de persona que entra en pánico, pero esa mañana me invadió el pánico. Me puse tan nervioso que mis manos empezaron a temblar.

Mientras tanto, más clientes estaban llegando. La rueda de órdenes se estaba llenando con más papelitos con órdenes y yo aún estaba con la primera orden, tratando de leer lo que decía. Era un caos total.

Las meseras estaban gritando—¿Dónde están mis órdenes? ¡Necesito mis órdenes!

El gerente entró a la cocina gritando—¿Qué es lo qué está pasando aquí? Le dije—Estoy tan nervioso que no puedo ni moverme. El gerente se puso un mandil y me dijo—pásame esto y pásame esto otro. Le di todo lo que necesitaba y miré lo que estaba haciendo. Él era rápido. Era eficiente. Después de cerca de una hora teníamos el turno del desayuno bajo control. Me preguntó si yo podía cocinar solo ahora y le dije—Sí señor.

Me quedé solo en la cocina. La siguiente orden era para huevos suave fritos. Había un tazón grande de acero inoxidable lleno hasta el tope con aproximadamente dos docenas de huevos. Recordé que cuando el gerente hizo los huevos suave fritos usó una sartén pequeña especial. Él ponía un cubito de mantequilla, quebraba dos huevos en un pequeño tazón, luego echaba los huevos en la sartén para freír. Después de uno o dos minutos volteaba los huevos para que se cocieran del otro lado. Fácil.

Agarré dos huevos. Los quebré y los puse en el pequeño tazón. Agregué el cubo de mantequilla y vertí los huevos en la sartén. Luego los volteé. No salió bien pues la yema se rompió. Agarré dos huevos más y seguí la misma rutina. ¡Maldición! Los huevos cayeron sobre la estufa. Agarré dos huevos más y esos si cayeron en la sartén, pero uno de ellos cayó en la orilla del sartén causando una explosión de huevo sobre la estufa. Seguí aventando huevos mal cocinados en el bote de basura. Destruí más de una docena de huevos y el bote de basura ya se estaba llenando con todos mis fallidos intentos.

Luego me percaté de mi error. Había estando volteando los huevos en el aire, aventándolos hacia arriba. Con un pequeño movimiento de la muñeca los huevos se voltearían casi por sí mismos. ¡Perfecto!

Me convertí en un cocinero en Denny's. Aprendí una cosa a la vez hasta que supe todo lo que tenía que hacer para hacer un buen trabajo.

Había estado trabajando para Denny's solamente por dos meses, cuando me di cuenta que ya había ahorrado suficiente dinero para manejar de regreso a Texas con Marcella y nuestro hijo recién nacido. Cuando le dije al gerente que iba a dejar el trabajo para regresar a Texas, él me dijo—Si algún día necesitas trabajo, tenemos Denny's por todo el estado de Texas. Yo te pondré en cualquier Denny's que tengamos abriendo allí—luego dijo—Oh, y a propósito, yo sabía cuando llenaste tu aplicación que no eras un cocinero, pero pensé que podrías aprender. No queremos cocineros ya establecidos que vengan a Denny's y traten de cocinar a su manera. Queremos que aprendan la manera de cocinar de Denny's.

Y por eso son reconocidos los restaurantes Denny's . No importa en cuál Denny's comas, sabes exactamente lo que te van a dar: buena comida y bien cocinada. Consistencia.

37

CAPÍTULO DOS

Mi familia crece

E l gobierno deja de apoyarte a ti y a tu familia veinticuatro horas después de darte de baja del servicio militar. A pesar de que nuestro hijo primogénito debió haber nacido antes de mi fecha de salida del ejército el 28 de noviembre, él decidió hacernos esperar.

Nos estábamos quedando en casa de nuestros suegros en Wapato, durmiendo en el cuarto que había sido de Marcella en su niñez. Mientras tanto yo trabajaba en el Denny's de Yakima, guardando cada centavo para financiar nuestro viaje de regreso a Texas. Era la temporada de invierno y estaba muy frío. Sin embargo, Marcella y yo salíamos al pueblo para disfrutar de una que otra noche solos en el cine, como lo hicimos una noche de diciembre. Cuando salimos del cine, justo antes de la media noche, estaba nevando bastante fuerte.

Todo lo que yo quería hacer era arrástrame hasta la cama y dormir un poco. Marcella se quedo despierta, platicando con su mamá. Ya estaba bien dormido cuando Marcella entró a la recámara y me despertó—¡Vale más que me lleves al hospital!

Abrí los ojos y le dije—es una falsa alarma. Acuéstate a dormir. Descansa. Debí de haber estado exhausto, porque otra vez me quedé dormido inmediatamente. Unos minutos más tarde, la mamá de Marcella entró y dijo—¡A.B., vale más que la lleves al hospital ahora. Está a punto de dar a luz!

¡Eso me resucitó! Salté de la cama, me puse la ropa, apresuré a Marcella a entrar al carro y nos fuimos al hospital, que estaba a doce millas de retirado en Toppenish. Para entonces, viajábamos en una tormenta de nieve. La nieve caía en grandes y gruesos copos y yo ya tenía problemas para ver bien la carretera, la cual no era más que un camino de tierra de rancho. Volteé a ver a Marcella y sabía que estaba asustada. Tomé su mano y le dije que todo estaría bien.

Finalmente llegamos al hospital. El doctor la revisó, luego se dirigió a mí, diciendo—Se puede ir a casa. Ella apenas empieza a ponerse de parto. Va a ser una noche larga, larga. Regrese por la mañana.

Las cosas han cambiado mucho desde entonces para nosotros los padres. No me invitaron a estar con ella en el cuarto de parto. No había nada que yo pudiera hacer para ayudar a Marcella durante el parto.

Manejé de regreso a Wapato en medio de la tormenta de nieve que ya se había convertido en un peligroso temporal.

Ni siquiera recuerdo cuándo mi cabeza hizo contacto con la almohada y desperté el siguiente día al mediodía. ¡Me asusté! Como un personaje de caricaturas que tiene un mal día, me aventé adentró de mi carro y manejé como un maníaco de regreso al hospital, mientras el carro se resbalaba y deslizaba por todo el camino. Justo cuando me apresuraba por el pasillo hacia la sala de maternidad, las enfermeras llevaban a Marcella en una silla de ruedas, saliendo de la sala de parto. ¡Mi hermosa esposa justo había dado a luz a nuestro primer niño!

Las enfermeras me pidieron que esperara mientras la instalaban en un cuarto, y me dirigieron hacia la guardería donde tenían a todos los bebés recién nacidos. Tal como en las películas, era un cuarto con una ventana gigantesca para poder ver, y adentro habían tres o cuatro hileras de preciosos bebés en sus pequeñas cunitas.

Una enfermera dentro de la guardería levantó un bebé envuelto en una cobijita azul. Caminó hacia la ventana y acercó al pequeño y bello envoltorio para que yo lo viera. Apuntó al niño y después a mí, diciendo—Es el tuyo.

"Es el tuyo." Con esas tres palabras llegó un sentimiento que nunca había sentido en toda mi vida. Era un buen sentimiento, pero muy confuso. Me sentía feliz y me sentía triste. Todo tipo de emoción trotaba desbocadamente por mi corazón y por mi mente. Era, sin duda, un cambio muy grande en mi vida. No hay una verdad más grande. Un niño lo cambia todo.

Fui al cuarto de Marcella y mi pobre mujer estaba en su cama, probablemente todavía en shock por la experiencia de su primer parto, quejándose un poco como "Waaaaa." Había otra paciente en el cuarto, una mujer nativa americana quien también justo había dado a luz. Me sorprendió ver a esa mujer de la tribu Yakama caminando por el cuarto y fumando un cigarrillo, como si estuviera disfrutando de un descanso para el café. Lo recuerdo y sí, ¡Cómo han cambiado las cosas!

Nuestro pequeñito Abraham III nació el 13 de diciembre de 1963. Le dimos el nombre de mi padre. No sería un "junior" porque yo soy en realidad Abraham Junior, a pesar de que nunca me ha gustado que me llamen "Junior." Aún recuerdo a mi abuela parada en el umbral de la puerta de nuestra casa en Corpus Christi, gritando para que todos escucharan—¡Junner! Sonaba como el nombre de un niño chiquito. Empecé a referirme a mí mismo como A.B. y pegó. Nuestro niño también heredó esta versión abreviada de nuestro nombre.

Le di un beso a Marcella, le dije adiós y me regresé a casa, para darle tiempo de que descansara y para darme tiempo para ordenar mis pensamientos. En el camino de regreso me volvió a invadir ese sentimiento que no puedo describir. Feliz. Emocionado. Con miedo. Al parar en el primer semáforo, sentí una alegría inmensa y empecé a balbucear cariños para mi bebé–¡Sé un buen niño para papi! ¡Qué niño tan grande eres! Y repetía "Gu-gu" y "Ga-ga." Sentí que alguien me estaba mirando y volteé para ver a una mujer en el carro junto al mío mirándome como diciendo–¿Qué le pasa a este tipo?

No me importaba nada. ¡Yo estaba flotando en las nubes pensando en mi bebé!

Regresando a Corpus

Al salir del servicio militar yo tenía una meta y solo una meta: ahorrar dinero para el viaje de regreso a Texas. Quería regresar a mi casa. Quería llevar a mi familia, a mi esposa y a mi hijo, a Corpus Christi para que conocieran a mi familia y a mis amigos. Y quería regresar a mi música y con Los Dinos.

¡Pobre mi querida Marcella! Lloró desde que dejamos la casa en la cual creció hasta que llegamos a Texas. Nunca se había alejado de su casa. Nunca había salido de Washington. Ahora estaría viviendo más de dos mil millas alejada de la única casa que ella había conocido, con su nuevo esposo y con un niño recién nacido. Sus padres no estarían allí para consolarla. Su querida hermana no estaría allí para apoyarla. Sus hermanos no estarían presentes como grupo de apoyo. Una semana más tarde, ya en Corpus Christi, Marcella seguía llorando.

La familia de Marcella era una familia mexicoamericana muy unida. Su padre, Ralph Samora había nacido en Amarillo, Texas. Su madre, Carmen Mestoz, era de Colorado. Ambos eran trabajadores migratorios y seguían las cosechas, levantando frutas y vegetales. Viajaron por California para las cosechas de la uva y de las fresas, y luego para el norte a Oregón para la remolacha de azúcar y el maíz dulce, seguidos de por las cerezas y las manzanas en Washington.

Durante el tiempo que Ralph y Carmen estaban trabajando en el campo en Washington, la Nación India Yakama recibió permiso del Gobierno de los Estados Unidos para vender un cierto número de acres de tierra a personas que no fueran nativas. Ralph y Carmen compraron un área de tierra y construyeron su casa. Los cinco niños de los Samora eran mexicoamericanos nacidos en la Reservación de los Indios Yakama. Como jóvenes adultos con sus propias familias, los hermanos de Marcella se quedaron en Washington. Ella fue la única que había salido del estado.

Ya en Corpus Christi, le sequé las lágrimas e hice todo lo que pude para ahuyentar sus temores. Le hice una promesa que la llevaría a ver a su familia cada año. Nunca rompí mi promesa.

El siguiente año manejamos las más de dos mil millas hasta Wapato, pero después de tan solo dos días de visita Marcella estaba lista para regresar a su nueva casa. Ya se había acostumbrado a Corpus Christi y a nuestra vida mental y emocionalmente. Corpus Christi ya era su casa.

Reuniéndome con la banda

Tan pronto llegué a Corpus Christi, rentamos un pequeño apartamento de una recámara, en un segundo piso en la Calle Leopard.

Mis padres se habían mudado a Lake Jackson, otra ciudad en la costa a sólo 180 millas al norte de Corpus Christi y con una población de cerca de 13,000 personas. En contraste, Corpus Christi tenía más de 200,000 personas viviendo dentro de los límites de la ciudad. Una semana después de que llegamos llevaría a Marcella y al bebé Abraham a conocer a mis padres, pero mi primera visita en Corpus Christi fue para reunirme con la banda.

No me había mantenido al tanto con la banda durante el tiempo que estuve lejos. Sólo había hecho unas cuantas llamadas de teléfono. Extrañaba la acción de la música. La alegría que sientes al cantar y hacer que la gente se sienta feliz. Extrañaba cantar. Eso es lo que me encantaba hacer. No había manera de que yo hiciera eso en el servicio militar.

Antes de ser reclutado, yo manejaba todos los negocios de la banda. Mientras estuve lejos a Los Dinos les iba bien, pero no tan bien como debería irles. Me contacté con la banda y lo primero que tuvimos que hacer fue despedir a mi buen amigo, Arnulfo, quien había tomado mi lugar mientras estuve en el servicio militar. Me di cuenta que a él le gustaba estar con la banda pero entendía que la posición era temporal.

Seff, Bobby y yo empezamos a ensayar y a presentarnos tal como lo habíamos hecho antes. Hicimos tocadas casi todos los fines de semana, viajando por Texas, Nuevo México, Arizona, California y Chicago.

Se fraguaron planes

Marcella siempre había apoyado mi compromiso con la música y con la banda. Estoy seguro que el yo estar lejos de casa muchos de los fines de semana, a veces por semanas o hasta por un mes completo era difícil para ella. Si me iba a viajar por un período extendido, Marcella y A.B. se quedaban con mi madre.

Esta fue una de esas veces.

La banda se preparaba para una gira de tres semanas y yo sentí que lo mejor para Marcella y A.B. era quedarse con sus padres en Wapato. Marcella y el bebé tomaron un vuelo al Estado de Washington mientras yo me dirigía a Phoenix, Arizona. El promotor había contratado a Los Dinos por dos fines de semana de presentaciones. Durante la semana, entre presentaciones, ensayaríamos, descansaríamos y conoceríamos la ciudad.

Yo no sabía que antes de irse, Marcella y mi mamá se habían reunido y preparaban un plan para hacerme que dejara el negocio de la música. Decidieron que cuando Marcella llegara a Washington, ella me llamaría insistiendo para que yo me saliera del negocio de la música, me mudara a Washington y viviera una vida normal.

Ese lunes después del primer fin de semana de presentaciones en Phoenix, llamé a Marcella y ella dejó explotar la bomba— si me quieres te olvidarás de esta música y vendrás a quedarte con tu esposa y con tu hijo—dijo Marcella. Yo la escuché y le dije que lo pensaría. Luego me reuní con los miembros de la banda y les dije que me iba a tomar la semana libre y que los vería el viernes para el siguiente show. Me subí al carro y empecé a manejar las 1,200 millas de Phoenix, Arizona hasta Wapato, Washington. Manejé y manejé de día y de noche, tomando pequeños descansos al lado de la carretera. Veintidós horas más tarde, llegué a casa de mis suegros. A.B. estaba gateando en el suelo, jugando. Marcella estaba sorprendida de verme. Recogí a A.B. y lo cargué afuera, al carro. Marcella preguntó—¿Qué está pasando? Calmadamente le contesté—Me voy a llevar a A.B. ¿Te quedas o vienes conmigo?

Marcella empacó toda su ropa en un veliz y se subió al carro.

Ese fue el final de cualquier discusión acerca de que yo dejara la banda. Yo sabía que algún día tendría que dejar el grupo, pero ese día todavía no había llegado.

La vida sucede

Cuatro años pasaron vertiginosamente conmigo en presentaciones con Los Dinos, Marcella haciendo un hogar de nuestra casa y cuidando de nuestro hijo. Luego, al final del 1966,

Marcella quedó embarazada con nuestro segundo niño. Justo alrededor de las fechas cuando ella debía dar a luz, Los Dinos tenían una presentación de fin de semana en McAllen, Texas y que empezaba el jueves por la noche en el área del Valle al sur de Texas, cerca de 150 millas al sur hacia la frontera. Si tienes contrato para actuar y no te presentas, los promotores te llevan a corte algunas veces. Tenía que ir.

Esa mañana Marcella sintió los dolores del parto.

La llevé a la oficina del doctor, que estaba al cruzar la calle del hospital. El doctor la revisó y dijo—Está a punto de tener a este bebé. Una enfermera luego trajo una silla de ruedas y ayudó a Marcella a sentarse en ella. Le besé la frente a Marcella y le dije—Te veo en la mañana. Miré como la enfermera llevaba a Marcella en la silla de ruedas cruzando la calle hacia el hospital. Luego salí rápidamente y me dirigí al sur de Texas a cumplir con el contrato que tenían Los Dinos.

Los Dinos tocaron en el show de McAllen. Yo dormí unas cuantas horas y manejé de regreso al hospital.

¡Y allí estaba! Una hermosa niñita, nacida el 29 de junio del 1967. A mí me gustaba el nombre de Suzette, A Marcella le gustaba Michelle. Nombramos a esta nueva adición a nuestra familia Suzette Michelle.

La vida continuó y yo seguí viajando mientras Marcella se encargaba de cuidar de nuestra pequeña familia.

En el verano de 1968, Los Dinos estaban comenzando otra gira con un promotor con quien habíamos trabajado en el pasado. Leonardo Calderón era bien reconocido y respetado. Él era el propietario de The Calderón Ballroom en Phoenix, el cual era el lugar de moda donde se reunían los jóvenes mexicoamericanos y llevaban a sus parejas a bailar . El lugar estaba siempre lleno con jóvenes mujeres y hombres que bailaban y se divertían. Nos habían contratado para tocar una sola noche para el fin de semana festivo del 4 de julio. Nuestro espectáculo sería el jueves por la noche, un cierto tipo de celebración pre-cuatro de julio. Luego empacaríamos nuestras vagonetas y manejaríamos hacia el sur de California para un festival del 4 de julio donde estábamos encabezando.

Un amigo mío de Corpus Christi era el jefe de camareros en el Disney Hotel en Anaheim, California. El último piso del hotel tenía un salón de baile grande y él lo rentaba. Nosotros tocábamos. Él promovía el baile entre la comunidad mexicoamericana local y se llevaba un porcentaje de la venta de boletos.

Allí estábamos, en Phoenix, tocando en la presentación. Mientras a otros músicos les gusta tocar la música y divertirse, nosotros éramos profesionales. Yo tenía una regla que ninguno de nosotros fumaría o tomaría mientras estuviéramos en la tarima tocando. Había mucho tiempo para disfrutar de nuestros alrededores después de la presentación.

Alrededor de la medianoche, ¡el baile estaba encendido! El lugar estaba abarrotado. El público estaba disfrutando de las cumbias, los boleros y de la música doo-wap que estábamos tocando. De repente nuestro trompetista, Ram, se lanza con un solo de jazz. *¡Ba ba ta ta di di du du dom!* En ese momento la banda estaba tocando una ranchera tejana. La banda no sabía qué hacer. Todos los miembros de la banda se voltearon a verle. Tocar la música en la banda es un esfuerzo de equipo. Si un músico se equivoca, echa a perder todo el esfuerzo del equipo. ¿Qué era lo que estaba pasando?

Luego noté un vaso de whiskey enseguida de él sobre un amplificador.

Esa noche, Ram había conocido a una chica en el salón de baile. Ella empezó a traerle vasos de whiskey, en las rocas. Mientras estábamos cantando delante de él, él estaba tomando whiskey. Ese alcohol empezó a tener efecto en él. Caminé hacia él y le dije—no quiero verte tomar por el resto de la noche. Sólo sonrió y asintió.

En la siguiente canción, Bobby, Seff y yo estábamos de nuevo al frente de la banda cantando. Vemos a la chica caminando hacia atrás de la banda, trayendo otro vaso de whiskey a Ram, quien tomó un trago de whiskey y puso el vaso sobre el amplificador. Ahora sí que ya estaba echando a perder la música del grupo. Desbalanceado, hizo un movimiento que envió el vaso de whiskey volando y al final quedó un desastre de whiskey y pedazos de vidrio en toda la tarima.

Después de todo eso, caminó hacia el frente de la tarima, bajando los escalones, desarmó su trompeta y la puso en el estuche. Me incliné desde la tarima y le dije—Oye, oye, vamos a poner todo en claro después del baile. Estamos tocando ahora.

Desafortunadamente, las acciones de Ram causaron una conmoción en la pista de baile. En unos cuantos segundos, como si alguien hubiera tirado un fósforo encendido en la gasolina, toda la gente en la pista de baile estaban peleando. ¡Volaban sillas de un lado al otro del salón! ¡Las botellas de cerveza también volaban en el aire! Los hombres peleaban. Las mujeres peleaban. Era un desastre.

Tuvieron que llamar a la policía para que controlaran la situación y finalmente sacaron a todos del salón de baile.

El Sr. Calderón, el promotor, tenía una casa a dos cuadras del salón de baile donde los músicos se irían a dormir.

Los miembros de la banda, menos Ram, decidieron ir allí y empacar nuestros instrumentos y nuestras maletas para tomar la carretera. Todos recogimos nuestra ropa y dejamos a Ram en Phoenix. Nosotros nos dirigimos hacia Anaheim, California.

Fue un viaje de seis horas de Phoenix a Anaheim. Debido a que un trompetista no estaba, pasamos la mayor parte del tiempo haciendo nuevos arreglos para la sección de metales en harmonía a tres partes. Para cuando llegamos a Anaheim, el trompetista que nos quedaba estaba exhausto y ya tenía el labio partido justo a la mitad y casi no podía tocar.

El resto de la gira fue un gran desastre. Hicimos lo mejor que pudimos, pero el perder uno de los miembros importantes de la banda tuvo consecuencias en nuestras presentaciones y en nuestras emociones.

Finalmente, nos presentamos en la última parte de la gira en Chicago. La banda había terminado la tocada y ya íbamos de regreso a casa. Eran como las 3:00 de la mañana. Yo iba manejando, mientras los demás músicos dormían. Empecé a pensar en lo que había pasado en las últimas tres semanas y mi mente empezó a deliberar, "Tantos años con la banda y de gira. Era como tener diez mundos diferentes, pues cada cabeza es un mundo." Estaba decepcionado con toda la situación. Pensé, *Ya he tenido lo suficiente. ¡Me salgo del grupo!* Fue así de rápido, como si alguien hubiera apagado un interruptor.

Cuando llegamos a Corpus, me aseguré que cada uno recibiera su paga, estreché la mano de cada uno de los miembros y les di un abrazo, como siempre lo hacía. Luego fui a casa con Marcella, Suzette y A.B. y le dije a mi esposa—Me salgo de la banda. Empieza a empacar nuestras cosas, voy a rentar una camioneta y nos vamos a mudar. Marcella no me creía. Ya le había dicho muchas veces que me iba a salir de la banda pero nunca lo había hecho. Esta vez era diferente. La miré a los ojos y le dije— Vale más que me creas, porque nos vamos de aquí.

Esa misma tarde renté una camioneta grande de U-Haul. Pedía a algunos de mis primos que me ayudaran a empacarla con nuestros muebles. Dentro de cuarenta y ocho horas, habíamos empacado todas nuestras pertenencias y nos dirigíamos hacia Lake Jackson, Texas.

Esta decisión, esta mudanza probarían ser uno de los cambios monumentales en mi vida.

CAPÍTULO TRES

El sueño desvanece

L ake Jackson, Texas es un pueblo basado en compañía, siendo Dow Chemical la compañía principal que empleaba a los residentes. En 1942, la compañía petroquímica desarrolló 5,000 acres de tierras que habían pertenecido por décadas a la familia de Abner Jackson. Alrededor de 1850, la familia Jackson tenía una plantación de azúcar que usaba el trabajo de los esclavos para cosechar. Mucho tiempo antes, esa misma tierra fue habitada por la tribu nativa de los Karankawa.

Esta comunidad planificada fue diseñada para los empleados de la compañía por el hijo del dueño de Dow Chemical. Ya para la década de 1960 existían otras facilidades químicas y fábricas, pero la compañía petroquímica era y aún es, la fuente principal de empleos. Lake Jackson, aproximadamente a cincuenta y cinco millas al suroeste de Houston, ahora se considera como suburbio de tal ciudad, y queda como a 170 millas al noreste de Corpus Christi.

Llegamos a Lake Jackson a finales de 1968, y nos hospedamos en casa de mis padres. Cuando llegamos a la cálida casa de mis padres, mi madre dijo—¡Oh, qué gusto de ver que nos estén visitando!

Yo solo acerté a mover la cabeza y le contesté con cariño—No, mamá. Ya no tengo nada que ver con el negocio de la música. Estoy aquí para quedarme. Ella empezó a llorar. Me estremeció emocionalmente el ver a mi madre llorando, pero sabía que sus lágrimas eran lágrimas de felicidad. Mi mamá estaba feliz de que yo haya dejado la música.

Yo sabía que al dejar la música dejaba una gran parte de mí, de mi vida y de mis sueños. Lo que no sabía aún era cuan profundamente me iba afectar mi decisión de dejar a Los Dinos y el negocio de la música para mudarme a Lake Jackson. Mi vida estaba tomando un cambio completo de 180 grados y más.

Nos estaríamos quedando en casa de mis padres hasta que yo encontrara un trabajo y me fuera posible comprar una casa propia para Marcella, A.B. y Suzette.

El lunes después de haber llegado a Lake Jackson, me levanté temprano para salir a buscar trabajo. Manejé pasando la Planta Dow Chemical. Pensé que no había probabilidades que me emplearan allí. Me habían dicho que necesitabas cuando menos un diploma de escuela preparatoria para trabajar en la planta. Mi educación de escuela preparatoria llegó hasta el grado once. No me había graduado. No iba a perder mi tiempo ni hacerles perder el de ellos, y decidí seguir mi camino por la carretera.

Unas cuadras más adelante recapacité, pensando *¿Qué puede pasar? Tengo que tratar cuando menos.* Hice una vuelta en U, regresé y fui directamente a la Oficina de Empleos. Llené una aplicación y la entregué a la empleada de la oficina. Ella la revisó y me preguntó—¿Podría usted esperar mientras muestro su aplicación a mi jefe? Se fue por unos minutos y cuando regresó me preguntó si podría regresar a la una de la tarde a tomar una prueba. Por supuesto que conteste—¡Sí, señorita!

Regresé exactamente a la una de la tarde y la empleada me dio una prueba de cuatro páginas. Contesté las preguntas lo mejor que pude y le regresé el examen. Me había parecido más como una prueba de nivel de inteligencia. ¡Pensé que tal vez querían determinar qué tan inteligente o tonta era la persona! Ella revisó las hojas, luego me miró sonriendo y dijo— Está usted contratado. ¡Vaya, que de verdad estaba yo muy sorprendido!

Se me contrató para trabajar en el departamento de envíos, operando y manejando un vehículo montacargas industrial Towmotor, que se usaba para mover artículos pesados tales como maquinaria o suministros. Los camiones de dieciocho llantas se posicionaban en el departamento de envíos para recoger cargas de químicos líquidos que se almacenaban en barriles de cincuenta y cinco galones. Yo operaba el Towmotor para mover cajas de madera llenas de materiales y barriles.

Creo que es fácil deducir que este nuevo trabajo era un gran cambio de mi vida anterior. En la vida de un músico te pasas despierto toda la noche y duermes todo el día. Comparado a Lake Jackson, Corpus Christi era una ciudad grande. Ahora me encontraba viviendo en un pueblito donde todo mundo se va a dormir a las nueve de la noche.

La planta química era gigantesca. En realidad habían dos plantas, la Planta A y la Planta B. La compañía contaba con cerca de 10,000 empleados. En esos días yo sólo sabía de dos mexicoamericanos que trabajaban en Dow, otro joven, Chris Rodríguez y yo. La mayoría de la gente que trabajaba allí era de descendencia checoslovaca, alemana o polaca. Yo me llevaba bien con todos, pero estaba muy estresado. Estaba deprimido. Todo me irritaba. Me sentía como un león enjaulado y empecé a fumar tanto, que consumía hasta dos cajetillas al día. La verdad era que extrañaba la música.

Mi madre siempre me aconsejaba—Lee la Biblia, mijito. Pero yo no estaba listo para seguir tal consejo. Había tomado la decisión de cambiar mi vida y tenía que tomar el tiempo para adaptarme a mi nueva vida. Ir a trabajar. Regresar a casa. Irme a dormir. Levantarme en la mañana. Regresar a casa. Era una nueva rutina para mí.

Yo era un buen trabajador y pronto me promovieron a la posición de empleado de envíos, lo cual incluía mucho papeleo. Ese cambio hizo que mis días no fueran tan estresantes. Y, en mi mente, me hacía sentir como si aún estuviera en el negocio de la música. Pensaba acerca de la música mientras trabajaba. Al igual que cuando estaba en el ejército, mi cuerpo estaba allí, pero mi mente estaba en otro lado. Sólo seguía haciendo lo que tenía que hacer.

Las maravillas de la mente humana son increíbles. Una persona puede cerrar sus ojos y regresar el tiempo, ver cosas, ver a gente como si en realidad estuvieran allí. Esa es la belleza de la mente humana. Por supuesto, yo no podía pensar acerca de la música todo el día. La mayor parte del tiempo sí estaba envuelto de lleno en mi trabajo. Sin embargo, de vez en cuando, la música e imágenes se filtraban a mi mente. Cerraba los ojos y veía a la gente bailando. Podía escuchar el sonido de los zapatos arrastrando al bailar. El sonido *shu-shu* de los zapatos de tacón de las damitas y el *tap-tap* de las botas de los hombres al bailar sobre el piso de madera. Extrañaba la música de una manera inimaginable.

Perdí la noción del tiempo. Ya ni siquiera escuchaba la radio. No sabía cuáles eran los grupos que se estaban haciendo populares en el mercado Tex-Mex. Perdí todo contacto con lo que pasaba en la música. La verdad es que no sé ni cómo fue que me quedé trabajando en la planta petroquímica por trece años de mi vida.

En casa, Marcella se rehusaba a hablar del negocio de la música que yo extrañaba. Yo entendía por qué. Teníamos dos niños hermosos y queríamos proveerlos con un buen hogar, que es exactamente lo que hicimos.

Marcella y yo ahorramos suficiente dinero para el enganche de una casa modesta de tres recámaras y un jardín, en un área residencial. Matriculamos a A.B. y a Suzette en la escuela local. Mi hermana y su familia estaban ahora viviendo también en Lake Jackson. Mis dos hermanos y sus familias vivían también en el pequeño pueblo. Pasábamos mucho tiempo juntos en las reuniones familiares. Yo compré un bote y, los fines de semana, manejábamos a Freeport y salíamos a pescar en el Golfo de México. Marcella tenía miedo de subirse al bote, pero Suzette y A.B., mis hermanos y yo disfrutamos de muchos domingos por la tarde en el Golfo de México. ¡Sí que estábamos viviendo el sueño americano!

Nuestra familia crece

Ya había estado trabajando para Dow Chemical por tres años, cuando Marcella me dijo que pensaba que estaba embarazada. Cualquier momento en que esperas la llegada de un niño es un momento de alegría. Recuerdo esos momentos y ahora deseo que hubiéramos tenido más niños. Adoro a los niños. Ese es otro aspecto de mi vida que poca gente conoce. Puede que les parezca duro en algunas áreas como en los negocios, pero mi otro lado es el amor. Amo la vida. Amo a los niños. Amo a los animales. Tengo mucho respeto por la vida.

En resumen, yo estaba totalmente emocionado de dar la bienvenida a otro niño a nuestra familia.

Marcella hizo una cita para que nuestro doctor familiar le hiciera un chequeo. El doctor la examinó y le dijo que en realidad ella no estaba embarazada. Desafortunadamente, le dio una noticia que cimbró todas nuestras emociones: le dijo que tenía un tumor. Su recomendación era de operar y remover la masa. Marcella estaba segura que estaba embarazada y los dos estábamos preocupados acerca de la cirugía en ese momento. Sentí que era mejor buscar una segunda opinión.

Fuimos a consultar con otro doctor y le explicamos que Marcella creía estar embarazada y compartimos con el la opinión del otro doctor acerca de un tumor y la cirugía. El segundo doctor también llevó a cabo un examen físico, y luego nos dijo—Estimados, parece que el tumor tiene dos brazos y dos piernas.

Estábamos totalmente consternados de que pudimos haber perdido a nuestro bebé debido a un error médico. La lección que aprendimos es de siempre buscar una segunda opinión. Siempre confía en tus instintos. Marcella sí estaba embarazada.

¿Puedes imaginarte cómo el primer doctor declaró que el niño era un tumor y quería extirparlo? Yo no puedo ni pensarlo.

El segundo doctor, certificado en Obstetricia y Ginecología, se convirtió en el doctor de cabecera de Marcella y nos entregó a nuestro tercer bebé. Este buen doctor más tarde entraría en las contiendas políticas, ¿y adivinen qué? Corrió para Presidente de los Estados Unidos de Norte América. Siempre estaremos agradecidos al Doctor Ron Paul de Lake Jackson, Texas.

Ya para esas fechas todos mis sueños de regresar al negocio de la música se habían esfumado. Ya no pensaba en la música tanto. Estaba más establecido en mi trabajo y me quedaba en casa más tiempo. Me había convertido en un hombre de familia. Era tan hombre de familia que, por primera vez, estuve en el hospital cuando nació nuestro tercer bebé. Cuando empezaron las contracciones de Marcella la llevé al hospital y me quedé en su cuarto contando con ella los minutos entre contracciones. Sólo deje el cuarto por diez minutos y, cuando regresé, ella ya no estaba. Yo quería estar en la sala de parto. Quería ver nacer a este bebé. Y creyendo en el adagio "Es mejor pedir perdón que pedir permiso," caminé hacia el piso donde se encontraba la sala de partos, empujé las puertas y tomé unos cuantos pasos adentro cuando una enfermera me paró en frío. Yo estaba vestido con ropa de la calle, arrugada y probablemente no muy sanitaria. El personal médico ciertamente no querían que estuviéramos yo y mis gérmenes en ese cuarto.

La enfermera me dijo que esperara unos minutos y luego fuera al área para ver a los bebés recién nacidos. Para cuando llegué allí ya habían limpiado al bebé y le habían envuelto en una cobijita color de rosa. Una enfermera estaba colocando el pequeño envoltorio en una cunita. Rodó la pequeña camita hacia la ventana y apuntó a la bebé, diciendo—Ésta es tuya. ¡Cielos! Ya tenía otro niño! Recuerdo que la bebé era morenita y tenía mucho pelo negro. Por tercera vez en mi vida experimenté ese sentimiento increíblemente indescriptible. No sé si cada padre tiene ese mismo sentimiento, pero yo sí. Cada vez que miré a mis hijos por primera vez sentí una verdadera explosión de emociones.

En la actualidad un simple procedimiento con una cámara puede indicar a los padres si el bebé es niño o niña. Sin embargo el ultrasonido no existía en nuestros tiempos. No sabíamos si íbamos a tener un niño o una niña, pero yo estaba seguro de que iba a ser un niño, así es que ya había seleccionado un nombre de niño. Ni siquiera nos habíamos molestado en buscar un nombre de niña, en caso de que naciera una niña. Pues bien, el envoltorio de felicidad era una niña y no teníamos ni la menor idea de qué nombre le pondríamos.

Otra madre en el hospital le dijo a Marcella—Yo creí que iba a tener una niña y había seleccionado el nombre Selena, pero tuve un niño. Si te gusta el nombre, tú puedes darle el nombre de "Selena" a tu niña. Marcella me dijo el nombre y yo fui a la tiendita de regalos del hospital para buscar en un libro de nombres y saber su significado y su origen. "Selena" es un nombre griego que significa "diosa de la luna." Me gustó el nombre, no porque significaba diosa de la luna. Me gustó el nombre porque era poco común. Se sentía especial y único.

La nombramos Selena. Y se pronuncia se-li-na.

CAPÍTULO CUATRO

Selena canta con el corazón

Habíamos estado viviendo en Lake Jackson por cerca de ocho años, viviendo una vida cómoda de trabajo, familia, escuela y diversión los fines de semana. Finalmente había seguido el consejo de mi madre y comencé a leer la Biblia, uniéndome a ella en las reuniones de estudio de la Biblia de los Testigos de Jehová. La Palabra trajo cierta paz y calma a mi corazón. Me ayudó a dejar de fumar completamente y sin mucho esfuerzo. Ya me había establecido bien en mi trabajo en Dow Chemical y estaba satisfecho con la rutina.

Ya no pensaba en la música o la extrañaba tanto como antes. Sin embargo, la música nunca desapareció completamente. La música estaba allí, en mi subconsciente, como una obsesión constante. Una vez que la música invade tu corazón, nunca la puedes sacar. Y había otro cambio que se estaba desarrollando para mí y mi familia, y el cual tenía todo que ver con la música.

Después del trabajo yo llegaba a casa y, mientras Marcella preparaba la comida, yo tomaba la guitarra y empezaba a tocar como un obsesionado, cantando sólo para divertirme. En esos días, Selena tenía unos seis años. Frecuentemente me escuchaba sonar acordes en la guitarra y corría a donde yo estaba en la casa, escuchaba por unos momentos y luego cantaba conmigo. Esa pequeñita podía memorizar cualquier canción en muy poco tiempo. Sin que yo la entrenara, Selena podía cantar en el tono y con emoción. Y ya tenía una voz fabulosa, aunque era tan pequeñita. Fue entonces que me percaté de que Selena tenía un talento especial para cantar.

Esa vieja rueda de la música empezó a girar de nuevo. No para que ella ni ninguno de mis niños se convirtieran en artistas en el negocio de la música, ni nada por el estilo. La verdad era que yo me sentía muy orgulloso de que mi niña podía hacer lo que a mi me encantaba hacer—cantar. Hay cierto orgullo en saber que tu niño o tu niña tienen un talento para algo que te llega al corazón. Así es como estaba maquinando mi mente en esos días.

Continuamos con nuestra diversión de la música en la sala después del trabajo. Yo tocaba la guitarra y Selena cantaba. Me imaginaba un acompañamiento de bajo que pudiera agregarse a la mezcla. Un músico amigo mío me había regalado un viejo bajo que todavía ostentaba la marca de Sears y Roebuck. Lo limpié, le compré cuerdas nuevas y empecé a enseñarle a A.B. lo básico. A.B. aprendió muy rápido.

Lo de Suzette fue diferente. El primo de Marcella de Washington State se estaba quedando con nosotros por unos dos meses, así es que le compre un juego de batería para que tocara mientras estaba de visita. Debido a que después de que se fue teníamos un juego de batería, pero no quien lo tocara, le dije a Suzette que aprendiera cómo tocar la batería. Fue una gran batalla. Ella argumentaba que el tocar batería no era cosa de mujeres. Pero yo le contesté—Mijita, al contrario, una mujer tocando batería es una atracción adiciona. Por fin la convencí para que ensayara. Una vez que levantó las vaquetas y pegó a los bombos y a los platillos, se enamoró de su instrumento.

En cuanto a Selena, yo podía ver que la música estaba en su corazón. Lo podía sentir. Estaba también interesada en aprender a tocar guitarra y piano, pero cantar era lo de ella. La grabé en una cinta magnetofónica, de carrete a carrete, cuando tenía seis años. En esa grabación yo toco la guitarra y ella canta con todo su corazón. Cantó *Feelings* (Sentimientos) y *I'm in the Mood for Love* (Siento deseos de amar); fue algo maravilloso. Cuando escuchas esa grabación sientes cómo ella estaba disfrutando de la experiencia. El cantar la hacía feliz. Le encantaba ser el centro de atención. Después de todo, ¿a qué ser humano no le gusta la atención y el aplauso cuando tiene un gran logro?

Selena estaba en la escuela primaria pero no podía aún leer ninguna palabra "grande." Sin embargo, tan sólo al escuchar una canción podía memorizarla y cantarla. Aún a esa temprana edad, pudo memorizar la letra y la melodía de aproximadamente treinta canciones. ¿Y yo qué? ¡Yo fui el cantante de Los Dinos por dieciséis años y no puedo recordar una canción completa!

Con A.B. en el bajo, Suzette en la batería, yo en la guitarra y Selena cantando habíamos formado un pequeño y agradable grupo musical. Los jóvenes miembros de la banda estaban listos para aprender y involucrarse más en la música. Mi sueño siempre había sido la música y, al empezar a aprender música, también se convirtió en su sueño.

Eventualmente el sueño se transformó en algo más.

Los nuevos Dinos

Ya para ese tiempo mi obsesión con la música se había calmado un poco. Antes pensaba acerca de la música y la gente bailando muy frecuentemente, pero la mente es algo increíble. Puedes reemplazar unos pensamientos con otros. Ir de un asunto al otro. Yo había reemplazado esos pensamientos acerca de la música con mi trabajo y mi familia. Mi mente estaba enfocada en mi familia, en mis niños.

Me estaba acostumbrando a mi vida actual, pero eso no significaba que había dejado atrás mi amor por la música. Al contrario, con mis niños ahora participando en la música se habían también convertido en parte de lo que yo amo. Mi mente se estaba enfocando en lo que estaban aprendiendo. Pensaba en lo que habían practicado la noche anterior y cómo podíamos mejorarlo.

Había convertido nuestro garaje en un tipo de salón de ensayos. Cerré la puerta del garaje y clavé acolchonamiento para el sonido en las paredes, para que el sonido no molestara a los vecinos. Cuando llegaba a la casa les decía a los niños que practicaran sus instrumentos por diez a quince minutos. A veces era un lío porque ellos querían salir a jugar afuera con el resto de los niños, pero ultimadamente se decidían por ensayar y continuaron mejorando.

A.B. tomó algunas clases de apreciación de la música en la escuela, y aprendió las progresiones básicas y los acordes. Al aprender más de la música, le interesaba más practicar. Conoció a otro jovencito en la escuela, Rodney Pyeatt, quien tocaba la guitarra, así es que lo integramos al grupo. También había una jovencita, Rena Dearman, que tocaba el piano y también se unió al grupo. Entonces ya teníamos un grupo completo.

Selena era aún muy joven. Suzette, A.B. Rena y Rodney estaban en la secundaria. Para todos ellos los ensayos eran como trabajar. Tenemos que recordar que los jóvenes de esa edad no pueden prestar atención por mucho tiempo. No se quejaban de tener que ensayar, ¡pero ensayar por quince minutos les parecía una eternidad! El cambio llegó cuando se aprendieron una canción completa, cuando vieron que estaban creando algo. Su enfoque cambió. La música es un arte. No cualquiera puede tocar música. Cuando vieron que habían realmente creado algo, su actitud cambió. Estaban creciendo con la música. Aún eran niños, pero ahora lo apreciaban mucho. Solían decir —¡Vaya! Estamos haciendo algo. Estamos creando algo. ¡Esto es muy bueno! ¡Esto nos gusta! Ya eran ellos los que querían ensayar y tocar la música. Mis niños estaban convirtiéndose en artistas.

Empezamos a pensar en un nombre para el grupo. Tratamos diferentes nombres, pero ninguno nos parecía bueno. Les conté la historia del nombre de mi grupo, Los Dinos, que empieza cuando yo era un adolescente en Corpus Christi. Yo conocía a este viejo hombre italiano que vivía en nuestra vecindad. Él me contó que cuando era muy joven y aún vivía en Italia había una calle llamada Los Dinos, que en lenguaje popular significaba "los chicos" o "la pandilla." De allí nació el nombre de mi banda tiempo atrás, en la década de 1960. Cuando tocábamos música en inglés, usábamos la versión del nombre en inglés, The Dinos. Cuando tocábamos música Tejana y cantábamos en español, éramos Los Dinos.

Fue entonces que A.B. exclamó—¡Papá! ¿Por qué no le damos el nombre de tu grupo a nuestro grupo, Los Dinos? Fue así que el nuevo grupo se convirtió en banda de segunda generación— Selena y Los Dinos.

PapaGayo's

Yo no había escuchado de ningún otro grupo de jóvenes que estuviera tocando en ese momento. No sabía de los Jackson Five o de los Osmond porque me había retirado de la música por todos esos años. No miraba los programas de variedades musicales en televisión y ni siquiera escuchaba la radio. Estuve completamente aislado de lo que estaba sucediendo en la música. Lo más cercano a la música en todos esos años fue lo que estaban haciendo estos talentosos niños. Me gustaba invitar a mis amigos a la casa, cocinar algunas carnitas, y luego el grupo tocaba para nuestros invitados.

Yo estaba contento con mi vida. Tenía un buen empleo. Tenía a mi familia. Y tenía también un poquito de música. ¿Qué más me podía faltar? Bueno, pues yo quería algo más. Sentía que me quedaba algo más que hacer en mi vida. Fue en 1978 cuando sentí el llamado de una nueva vocación.

A pesar de que Lake Jackson está en Texas, un estado reconocido por su buena comida mexicana, la ciudad de Lake Jackson no tenía ningún restaurante de comida mexicana auténtica. Y a mi me gusta la comida mexicana auténtica. Otro de mis colegas en Dow Chemical y uno de un creciente número de mexicoamericanos en la compañía, Santos Serna, a quien todos llamaban "Jim," estaba de acuerdo conmigo. Un día, él dijo—Lo que este pueblo necesita es un buen restaurante mexicano.

Jim y yo decidimos hacer algo al respecto.

¡La mecha estaba encendida! Jim y yo entramos al negocio del restaurante de lleno, sin mirar, sin planificar, y sin pensarlo. Tal vez fue un gran salto y muy rápido. Antes de que nos percatáramos, estábamos abriendo un flamante restaurante. Y era un restaurante grande. Tenía cincuenta mesas y espacio para aproximadamente 125 personas.

Mi papá me dijo que estábamos haciéndolo de manera equivocada. Dijo que debíamos de haber empezado en pequeño y dejar que creciera el negocio. Sin embargo, a mi no me gustaba que me aconsejara nadie, ni siquiera mi propio padre, a quien yo respetaba y admiraba. Le dije que empezar en pequeño y crecer era la manera antigua. Nosotros lo estábamos haciendo de la manera moderna—¡Gran apertura con bombos y platillos!

Sin ninguna razón en particular, nombramos a nuestra nueva empresa PapaGayo's. Tenía un buen timbre para mí. Teníamos más de veinte empleados: seis cocineros, cuatro meseras, dos cajeras y un número de personal en la cocina y lavaplatos. Marcella siempre apoyó mis ideas. Se lanzó al ruedo y ayudaba en todo lo que se necesitaba. Los niños iban a comer allí. De vez en cuando Suzette servía como anfitriona y guiaba a los clientes a sus mesas.

Y por supuesto, Los Dinos se convirtieron en artistas exclusivos del restaurante.

Mientras hacíamos los preparativos para abrir el restaurante, Los Dinos estaban ensayando en el garaje de la casa. La oportunidad era evidente para que el restaurante tuviera entretenimiento en vivo y que la banda tuviera exposición. Mi objetivo era darles experiencia presentándose enfrente de la gente. Aún tenían miedo al escenario, pero era normal. Esa fue la razón por la cual les construí una tarima en el restaurante.

El grupo se presentaba los viernes y los sábados. Entre más tocaban, mejor sonaban. Mejoraron en su música y en su actuación. Eventualmente se hicieron muy buenos para tocar y para actuar en un escenario.

Selena brillaba fulgurantemente en ese pequeño escenario. A los clientes les encantaba. Cantaba los éxitos contemporáneos más sonados en inglés, y lo hacía con todo su corazón.

Aunque Selena no hablaba español, sí cantaba en español. Durante los ensayos yo le enseñaba como pronunciar las palabras y también el significado de esas palabras. Quería que mis niños aprendieran lo más que pudieran. También quería que mis niños aprendieran español y que aprendieran la música en español. Dos de los miembro del grupo eran anglosajones, Rodney y Rena, y tuve que enseñarles cómo cantar en español para que hicieran las voces de harmonía con Selena.

Yo quería que mis hijos siguieran el camino de la música que yo amaba. Y ellos lo hicieron. La música se convirtió en su amor también. A Los Dinos les encantaba presentarse en el restaurante. La gente los adoraba y les daban propinas. Yo también les daba dinero para que fueran a divertirse, ya fuera al cine o a salir de compras. Todos estábamos felices con el arreglo.

Al principio Jim y yo seguimos trabajando en Dow Chemical, pero al progresar el negocio del restaurante, lo discutimos y decidimos. Yo le dije—Ya me cansé con la planta petroquímica. Dejaré ese trabajo y dedicaré todo mi tiempo al restaurante.

PapaGayo's era un negocio sensacional, siempre y cuando la economía estuviera progresando. Sin embargo, a finales de 1979, hubo un serio descenso en el precio del petróleo debido a la economía mundial. Eso afectó el negocio del petróleo en Texas y, por consiguiente, nos afectó a nosotros. Al bajar la producción de petróleo y las excavaciones casi llegar a un paro total, la economía se fue de pico. No había ya suficientes clientes para pagarles a todos los empleados. La gente ya no tenía dinero para gastar y salir a comer.

El viejo dicho viene a mi mente al recordar esos malos tiempos. "Tu padre sabe qué es lo mejor." Debí haber escuchado a mi padre y seguir su consejo. Él estaba correcto. Jim y yo cometimos muchos errores porque no nos tomamos el tiempo para aprender acerca del negocio de cómo correr un restaurante. Fue tan sólo una idea que encendió nuestras imaginaciones. Papa-Gayo's duró abierto un año y dos meses. A principios de 1980, Jim y yo no tuvimos otra opción que cerrar nuestro restaurante.

Ya había vendido el bote, pero todo el dinero de mis ahorros se había desvanecido en gastos para establecer el restaurante. Estábamos atrasados en los pagos de la hipoteca de la casa y recibimos el aviso de que el banco iba a anular la hipoteca. Doy gracias a Dios que encontramos un comprador dos semanas antes de la anulación de la hipoteca, y vendimos la casa.

Sabía que tenía que conseguir otro trabajo, y hacerlo rápidamente.

Una vez que cerramos el restaurante y vendimos la casa, yo sólo quería regresar a Corpus Christi. Conocía a la gente allí. Sabía que podía conseguir un trabajo haciendo algo. El fracaso del restaurante nos dejó sin un centavo. Tal vez debimos habernos declarado en bancarrota, pero no lo hicimos.

No teníamos ningún ingreso y la situación se puso tan difícil, que Marcella sugirió que aplicáramos para beneficios de estampillas para comida. Mi orgullo se impuso y le dije—De ninguna manera. No vamos a hacer eso. Nunca. Pero Marcella sólo se preocupaba en alimentar a la familia. Siguió insistiendo—Necesitamos ir a pedir estampillas para la comida. Y ella estaba en lo cierto. No teníamos otra opción. Finalmente estuve de acuerdo y manejamos a la ciudad de Angleton, cerca de doce millas de Lake Jackson, a la Oficina de Asistencia Social.

Marcella, Selena y yo entramos a la oficina repleta de gente. Estábamos a punto de tomar asiento cuando una señora miró a Selena y dijo—¡Oh, miren, esa es la pequeña que canta! Me quedé congelado. Miré alrededor y dije, dirigiéndome a Marcella y a Selena—Creo que estamos en el lugar equivocado. Me di la media vuelta y salimos apresuradamente de ese lugar. Marcella me seguía hacia el carro, preguntando--¿Qué está pasando? Yo tan sólo podía pensar en el fracaso.

¡Estaba tan avergonzado! Yo siempre había podido dar sustento a mi familia. Habíamos comprado una casa, teníamos un negocio. Yo tenía un buen trabajo. Y ahora, repentinamente, estoy en bancarrota. El pedir las estampillas para la comida representaba el fracaso. Mi orgullo no estaba tan sólo lastimado, estaba totalmente noqueado. La verdad es que pedir estampillas para la comida solo significa que pasas por una mala situación económica, y que, era mi esperanza, tal situación fuera temporal. Quiere decir que necesitas un poco de ayuda. Eso era todo. Pero para mí, era mi obstinado orgullo el que no me dejaba ver ese hecho.

Ya en el estacionamiento encendí el motor del carro y le dije a mi querida esposa—¡No voy a regresar allí! Pero unos días después, Marcella, siendo la madre buena y abnegada que es, y con la desesperación de alimentar a sus niños, insistía en que necesitábamos esa ayuda. Aún entonces, aferrado a mi terquedad, le dije—Ve tú. Yo no vuelvo a ese lugar. Marcella fue sola a la Oficina de Asistencia Social, aplicó y recibió las estampillas para la comida. Dentro de mí aún estaba desatada la tormenta por mi fracaso. Decidí que iba a ir a comprar la comida sólo cuando hubiera el mínimo número de clientes en la tienda.

En esos días, las estampillas para la comida estaban en pequeños libritos de papel. Cuando llegabas a la cajera con tu comida, la empleada rompía las estampillas para sacarlas del librito. Llegué a odiar el sonido de estampillas arrancadas del librito. Cualquier persona cerca de ti lo escuchaba y sabía que estabas usando estampillas para la comida. Yo quería asegurarme que nadie nos viera usando estampillas para la comida. Había una tienda Kroger que estaba abierta las veinticuatro horas del día. Obligué a todos a esperar hasta después de la media noche para ir de compras. Como a la 1:00 de la mañana, Marcella, A.B. Suzette, Selena y yo fuimos a la tienda Kroger. La tienda estaba vacía. Tomamos un carrito de compras y lo llenamos con toda la comida que necesitábamos. ¡Sin embargo, cuando llegamos a la cajera, se formó una larga línea de clientes atrás de nosotros! A.B. y Suzette empezaron a decirse entre sí mismos—¿Esto es todo lo que quería la abuela? ¡Trataban de culpar a la pobre abuela por las estampillas de la comida! Eso me atacó de risa. No podía parar de reír. Después de todo, ¿qué más puedes hacer en una situación como esa? Reír era la mejor opción.

CAPÍTULO CINCO

El regreso a la música

Nos quedamos en Lake Jackson por dos o tres semanas mientras trataba de decidir cuál sería mi siguiente paso. Tenía cuarenta y siete años. Ya no era una persona joven. Sentí que era mejor mudarnos a donde yo tenía algunas conexiones, donde conocía a la gente y donde tenía familia.

Nos regresamos a Corpus Christi. Mi hermano Héctor nos permitió quedarnos con él y su familia. Héctor y su esposa tenían cuatro hijas y un hijo, y ahora A.B., Suzette, Selena, Marcella y yo estábamos como huéspedes en esa casa. Estábamos doce personas viviendo en la casa. Afortunadamente era una casa grande de cuatro recámaras. Por los cinco meses que nos quedamos con ellos, mi hermano nunca nos pidió que le pagáramos nada. Siempre le estaré agradecido por ese regalo. Marcella y yo ayudamos lo más que pudimos comprando la comida cuando nos era posible. Mientras tanto empecé a buscar trabajo.

Había trabajado trece años en Dow Chemical y decidí que tal experiencia me ayudaría a obtener un trabajo en una planta química local. Apliqué en unas seis plantas diferentes en el área, pero en todas ellas la respuesta era la misma—Está usted sobre calificado. Mi traducción para tal respuesta era que yo estaba muy viejo y eso era entendible. Las plantas químicas están buscando jóvenes que les puedan dar cuando menos treinta años de servicio.

Finalmente, confié a Marcella que antes de trabajar en una planta y por un corto tiempo en el restaurante, el único otro negocio que conocía era la música. Ya para esas fechas nuestros niños ya tenían alguna experiencia actuando en público. La banda sonaba muy bien porque ya tenían más tablas. Disfrutaban creando música y, ¿por qué no trabajar en lo que todos amábamos hacer—Crear música y dar actuaciones? Afortunadamente Marcella estaba de acuerdo y dijo—Haz lo que tengas que hacer. Ella sabía que en mi corazón sólo quería lo mejor para nuestra familia y nuestros hijos. Además, ¿qué familia no ha pasado por algún tipo de dificultad? La verdad es que esa dificultad no estará allí todo el tiempo. Teníamos que estar unidos y considerar todas las opciones. Teníamos que pensar lo que es mejor para todos y luego hacerlo.

Juntos, como una familia, empezamos esa jornada en un nuevo sendero.

Nuestro primer paso sería que yo consiguiera tocadas para el grupo. Empecé a buscar contrataciones para Selena y Los

Dinos en Corpus Christi. Tocaban en fiestas pequeñas como bailes, ferias del condado y bodas. Ganábamos un poco de dinero semanalmente. Algunas veces ganábamos $300 por noche. Otras veces eran $350. De vez en cuando podía convencer al promotor que pagara $400. Cada dólar era una gran ayuda.

Después de unos cuantos meses ya estábamos ganando lo suficiente para rentar una casa no muy lejos de la casa de mi hermano Héctor, en una nueva división de viviendas. La casa estaba en la Calle Bloomington. Fue una gran sensación el poder estar en nuestra casa propia de nuevo. Después de un año de vivir allí y de salir de gira artística por todo el estado, los dueños de la casa decidieron venderla, así que nosotros pudimos dar un abono y comprarla. Esa fue nuestra casa por los siguientes dieciséis años.

Fue la música lo que nos llevó hasta ese punto en nuestras vidas y yo sabía que la música nos iba a permitir quedarnos allí. Necesitábamos continuar tocando en presentaciones pequeñas y grandes. Necesitábamos aprender los éxitos del momento y los bailes. También necesitábamos que nuestro público creciera al tocar más seguido.

Decidimos que la música Tejana era la música que tocaríamos. Desde el primer día yo ya lo había pensado que la banda tenía que concentrarse en cantar en español para el público Tejano. Yo creía que el mercado Tejano sería más fácil de conquistar. Ese era el mercado en el cual yo había estado y donde tenía todos mis contactos. ¡Tejano es lo que yo conocía bien y la música Tejana estaba teniendo mucho éxito!

Selena nunca me dijo—No quiero hacer eso, papá. Sólo una vez recuerdo que ella dijo—pero yo no se español. A través de su carrera trabajamos juntos para mejorar su español. Después de que aprendió canciones en español, empezó a sentir cariño por la música en español.

También grabamos canciones en inglés. Los jóvenes mexicoamericanos en Texas están expuestos a todo tipo de música. Los niños escuchan la radio con todos los estilos de música, incluyendo hip-hop, rap, y rock n' roll. Cuando tocan una canción en español la fusionan con elementos de la música en inglés. Eso produce lo que conocemos como música Tejana. Es una fusión.

Selena escuchaba la música de Donna Summer. Solía decir—Adoro a Donna Summer. Sin embargo, no empezamos a tocar ese tipo de ritmo de disco hasta el último concierto que ella dio en el Astrodome. Esa fue la primera vez que tocamos el ahora famoso Disco Medley. La banda apenas se lo había aprendido cuando ya era hora de subir al escenario. Les dije—Sé que lo van a echar a perder. Pero yo estaba muy equivocado. ¡Selena y Los Dinos hicieron un tremendo trabajo!

Como en cualquier otro negocio, todo estaba basado en las relaciones, y, en este caso, las relaciones con los promotores. Debido a que yo había estado en el negocio de la música conocía a muchos promotores. Estas personas son las que ponen el dinero para la producción. Un promotor contrata a los grupos, cantantes, músicos y cualquier otro talento para un evento y luego saca ganancias en la venta de boletos. Ellos, por supuesto, quieren contratar a los artistas por el menos dinero posible para que sus ganancias sean más grandes, pero también tienen que contratar artistas que atraigan a la gente y que los diviertan. Y llamaba al promotor y le pedía que contratara a nuestra banda para que abriera para el artista principal. Así fue que Selena y Los Dinos eran el grupo que abría escenario y dejaba al público listo para la presentación del/la artista estelar. Como no teníamos un CD, o en esos tiempos eran cintas de casete, yo tenía que reunirme con los promotores en persona y hablar maravillas de la banda.

En esos días Selena tenía diez años, A.B. y Suzette eran adolescentes. Algunas veces los promotores expresaban que los veían muy jóvenes como para presentarse ante un público que esté tomando cerveza o cualquier otra cosa. Sin embargo, yo soy una persona muy persistente. Siempre he tenido argumentos válidos. Yo sabía que mis chicos sabían como manejar a una muchedumbre, y también sabía que mi grupo podía hacer que la gente saliera a bailar. Eso es lo que todo mundo quiere hacer en un concierto o presentación. La gente quiere bailar. Les decía que mis chicos tocaban música que ponía a la gente a bailar.

Había un promotor en Houston, Texas que era propietario de un salón de baile grande, el Starlight Ballroom. Era un lugar muy popular para la comunidad y para algunos de los nombres más famosos en la música Tejana. Seguí llamándolo y llamándolo para pedirle que nos diera una oportunidad de tocar allí. Me escuchaba, pero luego me daba la actitud clásica de—No me llames. Yo te llamo después. Finalmente le llamé una vez más y le dije—Mira, he estado invirtiendo mucho tiempo y dinero en llamadas de larga distancia para contactarte. Quiero decirte en este momento que <u>no</u> voy a <u>dejar</u> de llamarte hasta que nos des una tocada. Él soltó la carcajada y dijo—Está bien. ¿Qué te parece esta fecha? a lo que conteste inmediatamente—¡La tenemos disponible! Esa fue nuestra primera presentación en ese salón de baile. Esa fue la oportunidad que nos permitió tocar allí cada cuatro o cinco meses, por años. La paciencia y la tenacidad siempre dan resultados.

Al principio, el grupo sólo tocaba los fines de semana. Pero luego la situación empezó a mejorar y nos llegaban más y más tocadas. A.B. y Suzette ya habían salido de la escuela. Selena era la única de mis hijos que todavía iba a la escuela. Hablé con el superintendente del distrito escolar acerca de que Selena recibiera su educación en casa y él estuvo de acuerdo. Ella empezó a tomar clases por correspondencia de la American School localizada en Chicago, Illinois y se graduó de esa escuela. Selena siempre estaba sedienta de tener más conocimientos y de aprender. Al tiempo de morir, ella estaba tomando cursos de manejo de empresas de una escuela por correspondencia en California.

El grupo estaba empezando a ganar fama y todos trabajamos juntos para desarrollar una imagen. Yo siempre he creído en la importancia de la uniformidad. Cada miembro del grupo es parte de la imagen de la banda y yo quería que Selena y Los Dinos establecieran su propia manera de verse y su propio estilo. Suzette y Selena trabajaron juntas para hacer los trajes del grupo. Ellas decidieron qué colores y qué estilo tendrían. Selena no había empezado a dibujar aún, pero siempre había tenido buen ojo para el estilo. Las dos chicas salían de compras y hacían vestuario para todos. Nunca fue algo extravagante. Algunas veces era tan sencillo como que todos estaban usando pantalones de mezclilla negros y una camisa roja. La uniformidad es parte de la imagen del artista.

Las canciones que estaban tocando en ese período eran tejanas, rancheras y boleros. A mis hijos también les gustaba la música pop y a veces le variaban con canciones de Janet Jackson, de Gloria Gaynor y de todos los artistas populares. Hacíamos versiones de los éxitos y luego las canciones en español porque a la gente que asistía a nuestros eventos le gustaba bailar, especialmente las cumbias.

Selena y Los Dinos se estaban ganando al público poco a poco. Muy pronto pasaron de ser artistas de apertura a ser artistas estelares. Siempre lo dábamos todo en cada presentación. Cada presentación era larga. Una tocada de una noche era de cuatro horas de duración, con quince minutos de descanso por cada hora. Eso eran cuarenta y cinco minutos de música cada hora. Esas eran muchas canciones. Estábamos ensayando todo el tiempo y permítanme decirlo, esos jóvenes eran ya todos unos maestros. Si no estábamos tocando, estábamos ensayando. Y si no estábamos haciendo ninguna de las dos actividades, Selena estaba estudiando.

Yo sabía que la banda era buena y que sólo apuntaba a mejorar más. Yo sabía muy bien el valor de su trabajo y de su arte. Yo me aseguré, como su gerente, que se les pagara lo que valían. Su nivel de salario estaba cambiando constantemente, pues al subir su popularidad también subía el costo de sus presentaciones. Si recibíamos $1,000 dólares por una tocada, la siguiente vez que tocábamos en el mismo lugar yo pedía $1,400. Al tratar con los promotores yo sabía que tenía un gran producto. Les decía— Esto es cuánto te va a costar. Lo tomas o lo dejas. Esto es lo que quiero por el trabajo que vamos a hacer esta noche. Algunos de los promotores no estaban de acuerdo, pero la mayoría si accedía. Ellos veían el valor de tener este excitante nuevo sonido.

Sólo teníamos que pagarles a otros dos músicos que no eran parte de la familia. Yo tendría que preocuparme acerca del guitarrista y del tecladista. El resto de los músicos eran mis propios hijos. Si no nos iba tan bien, me aseguraba de primero pagarles a los músicos que no eran de la familia y luego, cualquier dinero que quedaba después de pagar los gastos, lo compartíamos entre la familia. Algunas veces los gastos eran tan altos, que mis hijos hacían las presentaciones sin recibir ningún pago o tan solo recibiendo unos cuantos dólares.

La realidad era que el público quería mucho a Selena y Los Dinos. Les encantaba la música y amaban a Selena. Ella los sorprendía con su talento. Permítanme decirles que Selena era toda una artista. No necesitaba tener quince bailarines, ni humo y luces. ¡Selena *era* la atracción principal! Nadie le enseñó la coreografía para bailar. Selena nunca tomó lecciones para cantar o clases de vocalización. Ella era una artista natural. Se subía al escenario y complacía al público. Ella hacía lo que sentía que el público quería. Si había cierto tipo de baile popular en esos días, ella lo hacía. La música la movía. La música y la reacción que recibía del público era todo lo que Selena necesitaba para provocar un espectáculo sorprendente.

El camino al éxito

No hubo un evento en particular ni una vez en que dijimos —¡Vaya, esto es genial!!Esto es exitoso! La popularidad de la banda y el éxito de Selena crecieron gradualmente, a costa de arduo trabajo. La maquinaria empezó a engranar. Y la popularidad empezó a crecer. No existe nada mágico en ello. Tan solo estábamos trabajando duro para seguir progresando. Te consume tanto lo que estás haciendo que pierdes la noción de las cosas y del tiempo. El trabajo se convierte en una rutina y luego se hace algo como segunda naturaleza. Para entonces ya piensas tanto en los detalles. Te emocionas porque estás haciendo cosas que tiene éxito. Puedes ver el éxito de cada día, pero pierdes la perspectiva del éxito total hasta que es tan grande que allí te das cuenta todo lo que has logrado.

A lo largo de su carrera, Selena grabó doce discos de larga duración y cientos de canciones. Cada álbum fue especial para mí por una razón particular. Cada canción se agregaba a su éxito como artista y a nuestro éxito como banda y negocio de familia. Todo empezó con sus grabaciones de demostración.

La primera vez que grabamos a Selena fue cuando aún vivíamos en Lake Jackson. Fuimos a un estudio reconocido en Houston para grabar dos demostraciones. Selena tenía nueve años en ese momento. Grabamos dos canciones y luego manejamos hacia San Antonio para dejarlas con Cara Records, disquera propiedad de Bob Grever y su padre, Charlie Grever. Ellos eran una familia musical muy bien conocida. María Grever, madre de Charlie, fue una prominente compositora mexicana que escribió, entre muchos éxitos, el bolero clásico *Cuando vuelva a tu lado* en 1934, y el cual fue traducido a una versión en inglés titulada *What a Difference a Day Makes.*

Discos Cara estaba grabando a la mayoría de los artistas Tejanos más sobresalientes en esos días. No teníamos una cita. Yo no le había llamado previamente. Solo entramos a su oficina. Así es como lo hacíamos entonces. Pregunté por Bob Grever, pero había salido de viaje de negocios a Los Ángeles. Las únicas personas que estaban en la oficina eran el padre de Bob, Charlie Grever, y uno de sus empleados, Luis Silva. Luis era un importante compositor Tejano que había escrito muchos de los éxitos de los artistas Tejanos más famosos en esa época.

Me introducí y presenté a Selena con el Sr. Grever, diciéndole —Esta es mi hija, su nombre es Selena, y canta. Tengo una cinta de demostración con dos canciones. Él llamó a Luis y le dijo—Pon esta cinta en la máquina. Quiero oír esto. Luis lo hizo y escuchamos las dos canciones. Luego el Sr. Charlie Grever exclamó—¡Luis, tráeme un contrato! a lo que Luis le replica—Charlie, ¿no deberías esperar a que regrese Bob de Los Ángeles? El hombre se irritó tanto, que gritó—¡Tráeme el contrato! ¡Yo soy el dueño aquí! Luis le llevó el contrato y ¡el Señor Charlie Grever firmó a Selena allí mismo y en ese momento!

Era un gran salto para Selena, pero sólo grabó tres canciones para Discos Cara. Manny Guerra era el ingeniero de sonido y también el propietario del estudio donde los artistas de Discos Cara grababan. Justo entonces Manny Guerra había decidido iniciar su propia disquera y me preguntó si nos íbamos con él. Yo le contesté—pero si acabamos de firmar un contrato. Él me contestó—No te preocupes, yo me encargo de eso. De alguna manera se deshizo del contrato y nos fuimos con Manny. Así es el negocio de la música.

Por los siguientes años, Selena y Los Dinos grabaron cinco álbumes con Manny: *Alfa, Muñequita de Trapo, And the Winner is . . . , Preciosa* y *Dulce Amor.* Esos discos se tocaron mucho en la radio y los promotores empezaron a escuchar acerca del grupo y querían saber más acerca de la artista. Ahora eran ellos los que nos estaban llamando. Y entre más álbumes grabábamos, más canciones se necesitaban. Usualmente cuando un artista o una banda son muy populares, los compositores les ofrecen canciones para grabar. Nosotros todavía estábamos creciendo. A.B. quería que cierto compositor sobresaliente nos ofreciera algunas de sus canciones, pero el compositor ni siquiera nos prestó atención. De acuerdo a él, no éramos lo suficientemente famosos para sus canciones.

Le dije a A.B. –Mira hijo, tienes que entender. Nosotros apenas hemos comenzado. Ese compositor no nos va a ofrecer sus canciones. Él se las va a dar a los artistas que están vendiendo porque él recibe dinero de esas ventas. Lo que debes hacer es esto: Tú y Ricky vayan a un cuarto, cierren la puerta y quiébrense la cabeza. Aprendan a escribir canciones. Ustedes pueden escribir sus propias canciones. Ese fue el principio de A.B. y Ricky Vela escribiendo éxito tras éxito por años para Selena.

Años más tarde, cuando agregamos a Pete Astudillo al grupo, también se convirtió en parte de ese equipo de compositores. Hasta Selena entró en la acción y escribió *Bidi Bidi Bom Bom.*

Y pensar que todo esto empezó en Lake Jackson, con una niña de cinco años cantando, y su padre tocando la guitarra.

Mi sueño para mis hijos

Nunca fue mi intención que mis hijos se convirtieran en estrellas del entretenimiento. Ellos eran tan solo jóvenes divirtiéndose juntos. Yo quería mantener sus mentes ocupadas. Sabía que en la escuela estarían expuestos a cosas buenas y cosas malas. La Biblia dice—*"Las malas asociaciones echan a perder lo hábitos útiles."* Pensé que la música podría ser la respuesta para mantener sus mentes ocupadas con la creación del arte. Quería que cada uno de ellos aprendiera acerca de las responsabilidades en la vida, que aprendieran acerca de Dios y de su responsabilidad hacia el Creador.

Yo quería que mis hijos fueran felices. Y en verdad, todo lo que tenían que hacer para ver si mis hijos eran felices era verlos cuando tocaban. Les encantaba estar en el escenario, juntos y haciendo música. Todo lo que hice es alentarlos. Les enseñé lo que yo sabía acerca del negocio y les facilité el camino cuando podía. Hice lo que cualquier otro padre hubiese hecho en la misma situación.

Lo más importante es que yo no quería que mis hijos pasaran por la vida difícil que yo tuve cuando era joven. El ser músicos, artistas y entretenedores era una oportunidad para que cada uno de ellos desarrollara un nuevo talento, ya fuera cantar, escribir canciones, tocar la guitarra o tocar la batería. Algunas personas van por la vida y nunca aprenden nada, a pesar de que cada persona tiene talento, y cada ser humano está equipado para aprender algo nuevo en sus vidas. Cada humano tiene la capacidad de aprender una destreza o desarrollar un talento si se dedican a eso.

Mi sueño para mis hijos era que ellos usaran sus mentes, sus corazones y sus talentos hasta lo mejor de sus habilidades.

Ese sueño se hizo realidad.

CAPÍTULO SEIS

La vida en la carretera

Salir de gira es presentarse en una serie de conciertos en diferentes ciudades o lugares, y es la clave para que un grupo musical pueda sobrevivir. Eso es lo que una banda debe hacer para ganarse la confianza del público—salir a la carretera, tocar en los establecimientos y conocer a los admiradores y a las admiradoras en persona. Salir de gira es la manera de conectar y establecer una relación con tu público. Esa es la manera de establecer una base de seguidores y admiradores.

Selena y Los Dinos tuvieron muchísimas giras. Selena tenía aproximadamente nueve años de edad cuando salimos a nuestra primera gira artística. Suzette tenía catorce años y A.B. dieciocho.

Viajamos juntos como familia, Marcella, Selena, Suzette, A.B., yo y dos otros miembros del grupo, pero eso dependía de quién estaba con nosotros en el grupo en ese momento. Yo había comprado una vagoneta usada, la Ford MaxiVan. Era como cualquier otra camioneta de pasajeros, pero era de tamaño monstruoso, extra-larga con cuatro hileras de asientos. Dos personas se sentaban en la última fila de atrás. Dos más en la siguiente. Una persona con suerte se sentaba sola en la siguiente fila, justo atrás del asiento del chofer. Generalmente yo era el que manejaba, con otra persona en el asiento de pasajero del frente. Todos cambiaban de asientos cuando quisieran. Era una van muy agradable y todos nos llevábamos muy bien. Hasta nuestros perros viajaban con nosotros. Nosotros queremos mucho a nuestros perritos. Siempre llevábamos al perrito de la familia en la MaxiVan o, cuando el grupo se hizo más popular, en el autobús del grupo. Uno de los primeros perros que viajó con nosotros se llamaba Dino. Era un perrito Chihuahua de color café/chocolate y lo habíamos tenido por unos ocho años. Dino se sentaba donde le pegaba la gana. Se iba con Selena por un ratito y luego saltaba sobre las piernas de Suzette.

Dino era un perrito fabuloso, pero tuvo un final muy triste.

Estábamos viajando desde Houston, de regreso a Corpus en el autobús, cuando paramos a comer en un restaurante mexicano. El estacionamiento era muy pequeño, así es que decidimos estacionarnos al lado de la autopista. El último músico que salió del autobús debió haber dejado la puerta abierta y, sin saber, Dino se escapó. Estábamos comiendo en el restaurante, cuando este viejito entra y pregunta—¿Alguien es dueño de un perrito Chihuahua? Uno de nosotros contestó—Sí nosotros tenemos uno. Y estas fueron sus palabras exactas—Bueno, pues lo acaban de apachurrar. ¡Selena gritó angustiada! Todos nos pusimos de pie mientras Selena lloraba desconsoladamente. ¡La banda entera lloró hasta que llegamos a Corpus!

Después de Dino, Marcella dijo—Ya no quiero más perros, porque te encariñas con ellos y luego pasa algo como esto. Pues bien, fui y compré otro perrito, un Chihuahua güerito y lo llamamos Gino. Era tan güerito que parecía que era blanco. Sorprendentemente, Gino vivió más de diecisiete años. Esa es una larga vida para un Chihuahua; ellos normalmente no pasan de los quince años. En la actualidad tenemos a Rico, mitad Chihuahua y mitad perro salchicha (Dachsund). Se les conoce como "Chiwines." La realidad de las cosas es que lo quiero como si fuera mi hijo. Creo que nuestro Dios Jehová hizo a los animales para que los disfrutemos. Los perros te quieren incondicionalmente. No importa lo que pase, ellos te quieren.

La Ford MaxiVan era espaciosa, pero aún necesitábamos un tráiler para cargar nuestro equipo. Yo no quería gastar dinero en comprar uno, así es que empecé a examinar otros tráileres y pensé que no se veían tan complicados. Por lo tanto decidí construir mi propio tráiler. Hasta este punto de mi vida nunca había hecho nada remotamente relacionado con la carpintería pero, como luego dicen, "la necesidad es la madre del ingenio." Necesitábamos uno y en esos tiempos no había vídeos en YouTube de cómo construir un tráiler. Utilicé mi sentido común y mis manos, lo construí y funcionaba . . . la mayor parte del tiempo.

El tráiler que construí era una caja de madera sobre ruedas de diez pies de largo por cerca de cuatro pies de alto, con puertas atrás. No era muy vistoso, pero servía su propósito. Conectamos mi creación a la parte posterior de la van, cargamos nuestro equipo y salimos de gira. La primera vez que manejamos en medio de una tormenta me di cuenta que necesitaba agregar más trabajo en el diseño. La lluvia cayó fuerte y tupida sobre nosotros y cuando llegamos al lugar del concierto abrimos las puertas del tráiler fue como cuando el mar se parte en la Biblia, *¡Whuuush!* ¡El agua salió del tráiler y nos empapó a todos! El grupo estaba asustado. Por suerte, habíamos puesto los instrumentos en unos anaqueles y no se habían arruinado. ¡El único daño que sufrimos fue a mi ego!

Yo coordinaba las giras de la banda llamando a los promotores y creando la ruta. Llamaba primero a un promotor en una ciudad, ponía la presentación en el calendario, luego llamaba a otro promotor en un pueblo cercano y conseguía contrato para otra tocada a poca distancia. Si un promotor nos daba una tocada en Bakersfield, al día siguiente podíamos manejar 100 millas a Fresno, llegar a un hotel, descansar y luego esa noche hacer una presentación. Después haríamos lo mismo una y otra vez en otra ciudad por cerca de tres o cuatro semanas.

No teníamos un plan para el hotel. Nos quedábamos donde nos hicieran una buena oferta en los cuartos en las ciudades donde íbamos a tocar. Nadie se quejó nunca. Estábamos haciendo lo que amábamos y estábamos juntos como familia, como músicos, como un grupo.

Comíamos donde queríamos, en su mayor parte en restaurantes de comidas rápidas. Algunas veces comíamos pollo, luego nos cansábamos del pollo y cambiábamos a pescado. Luego nos cansábamos de tanto pescado y recurríamos a las hamburguesas. De vez en cuando íbamos a un restaurante llamado Cracker Barrel. Más de unas cuantas veces fuimos a Denny's, y eso me ponía a pensar de lo que pudo haber sido. Tengo mucho respeto por los trabajadores de restaurantes. Por todos y cada uno de ellos—los meseros, los lavaplatos, los cocineros. La acción en un restaurante nunca para, especialmente si estás detrás de una estufa tomando órdenes. Yo he estado en esa situación. Cuando nuestro pequeño grupo se sentaba a comer en un Denny's, yo miraba lo duro que estaban trabajando los chefs y pensaba dentro de mí, *Hice la decisión correcta para mí y para mi familia.*

Nuestros recorridos por carretera eran tiempos felices para nuestra familia. Era como viajar de pueblo en pueblo visitando a la familia y a nuestros amigos. Tocas en un pueblo y conoces a nueva gente. Luego, si todo funciona bien, regresas a ese pueblo una y otra vez. Y resulta que te encuentras con esa misma gente todo el tiempo. Y cuando regresas, es como si fueras a ver a tus parientes, la familia que te está ayudando a construir tu base de seguidores. Ellos le dicen a sus amigos—¡Oye, esa banda es muy buena! Así, la próxima vez que regresábamos, había más gente que iban a ver el show. Fue así como nuestra popularidad creció, creció y creció.

Éramos sólo nosotros, la familia y unos cuantos miembros de la banda, hasta el 1988. Fue entonces que empezamos a ganar buen dinero. Me fue posible contratar a un equipo de trabajo. Se tornó más fácil para A.B. y los miembros del grupo, porque ya ellos no tenían que colocar y conectar el equipo o desconectar y quitarlo después de cada presentación.

Cuando llegábamos a cualquier ciudad, la mayoría del tiempo, el grupo iba directo al hotel para bañarse y prepararse para la presentación. El equipo de trabajo iba al lugar para bajar el equipo y conectarlo. Una vez que terminábamos el show, Suzette y Selena firmaban autógrafos o se tomaban fotos con los fans, mientras los miembros de la banda empacaban el equipo. Regresábamos al hotel si nos íbamos a quedar por la noche.

Algunas veces teníamos que salir directo a la carretera porque el siguiente pueblo estaba lejos y teníamos que hacer lo mismo de nuevo.

Yo era el que manejaba a todos lados mientras los miembros del grupo dormían en las literas, leían o miraban televisión. Algunas veces jugaban ajedrez u otros juegos, o simplemente se sentaban y hablaban acerca de cualquier cosa. Selena siempre se ocupaba con sus cursos de correspondencia. Ella tomaba sus estudios muy seriamente y nosotros estábamos sumamente orgullosos de ella cuando se graduó de American School y recibió su diploma. Continuó su educación tomando cursos de manejo de empresas de una escuela por correspondencia en California.

Frecuentemente Selena y Suzette trabajaban en diseños para vestuario de actuación. Permítanme decirles que yo estaba en shock cuando me mostraron el vestuario del sostén con lentejuelas brillantes. Como todo en la vida, te acostumbras al nuevo look y la vida continúa. Y yo sabía que el vestuario era sólo para las presentaciones; ella no lo usaba para salir en público. Verla con su nuevo vestuario no fue tan diferente que la ocasión cuando miré a mis hijas con maquillaje por primera vez. Les dije—¡Escúchenme!¡Se van a quitar eso inmediatamente! Una semana más tarde les dije—Pónganse el maquillaje de nuevo. La mujer es de por sí naturalmente hermosa, pero no podemos negar que el maquillaje hace que las mujeres se vean más bonitas.

Con el tiempo, los miembros de la banda empezaron a pedir aumento de sueldo. Una presentación de Selena y Los Dinos por una noche, que incluía dos shows, podía costar a un promotor cerca de $10,000 o más. Estábamos organizándonos más y refinando nuestra presentación y nuestra imagen. Selena y Suzette estaban a cargo de todo el vestuario, algunas veces saliendo de compras en cualquier pueblo en el que íbamos a presentarnos, y algunas veces hasta ordenábamos vestuario por correo. Ya para estas fechas Selena había empezado a dibujar sus diseños y habíamos contratado a una costurera para que hiciera algunos de los vestuarios que Selena había diseñado.

Tocamos por todo el estado de Texas. Sentimos como que no hubo un pueblo en Texas en el cual no tocamos. Nuestras giras también nos llevaron por todo el país, a comunidades mexicoamericanas en Los Ángeles, Santa Bárbara, Stockton, Modesto, luego a Oakland y de allí a San Francisco. Tocamos en el famoso Garlic Festival en Gilroy, California. Hicimos presentaciones en Chicago. En la costa este de Estados Unidos, tocamos en Nueva York y en Atlanta, Georgia. Compartimos nuestra música con la familia latina de Carolina del Norte, Carolina del Sur y Florida. Selena y Los Dinos tuvo, inclusive, oportunidad de tocar en la capital de la nación, Washington, D.C.

Viajábamos por todos lados. Más tarde en la carrera de Selena, tuvimos conciertos masivos en México, Honduras, El Salvador, Guatemala y por todo Centroamérica.

Creo que esa es una de las razones por la cual hoy, veinticinco años más tarde, Selena es tan popular como siempre. Estas giras artísticas la colocaron a ella y al grupo frente a frente con sus fans, conectando con su gente. Les llevamos alegría con nuestra música y, a cambio, ellos se hicieron admiradores de por vida.

La publicidad es importante

Es importante salir de gira y es importante dejar saber a todo mundo que estás saliendo de gira. Por eso la publicidad y la promoción son esenciales al crecimiento de un grupo musical y jugaron un papel importante en nuestro éxito. El deseo principal es que el nombre de la artista se transforme en una palabra popular entre la gente. Una vez que logras eso, sabrás que has alcanzado el éxito.

La promoción es la clave. Yo llevaba a Selena y a Suzette a las estaciones de radio y televisión locales para entrevistas en cada ciudad a la que viajábamos. Si estábamos en Miami o en otra ciudad de alta población latina, íbamos a Univisión y a Telemundo. Una entrevista de cinco minutos en una de esas cadenas nacionales daba al artista exposición en todo el país en un instante.

La primera vez que fuimos a México fue a los inicios de la carrera artística del grupo, y fuimos por la publicidad. Cruzamos la frontera para presentarnos en un programa popular de televisión llamado *El Show de Johnny Canales.* Canales es de Corpus, pero usaba una compañía de producción que llevaban cámaras y grababan su espectáculo al otro lado de la frontera, en Matamoros, México. El show después se exhibía en los Estados Unidos.

Todo lo que Selena tenía que hacer era cantar. Johnny también entrevistaba a sus invitados durante la presentación, pero esa vez no queríamos entrevista. Lo decidimos no por altanería, sino porque Selena no hablaba muy buen español. Sin embargo, la música es un lenguaje universal y la reacción del público fue muy buena. Selena les encantó y se enamoraron de la música.

El espacio para la presentación era al aire libre en una plaza del centro de la ciudad de Matamoros. La plaza era circular y la gente de producción había puesto una cerca a su alrededor. Era un concierto gratis y había un buen número de personas. La banda colocó su equipo en la tarima y tocaron en vivo mientras el público disfrutaba la música todo alrededor.

Tocamos muchas veces más en *El Show de Johnny Canales* después de esa presentación y siempre disfrutamos la experiencia.

Bertha la Grande

Con el paso del tiempo, el grupo empezó a crecer. La Maxi-Van nos sirvió mucho hasta que necesitamos más espacio para nuevos elementos y más equipo musical.

Recuerdo que, de joven, cada vez que iba a un baile y el grupo tenía un autobús estacionado enfrente del evento, yo pensaba—¡Vaya! ¡El grupo tiene un autobús! ¡Debe de irles muy bien! ¡Ya son grandes! Un autobús daba esa impresión. Es cosa de imagen.

Yo estaba determinado a conseguir un autobús para Selena y Los Dinos. Por supuesto, no teníamos el dinero para comprar uno nuevo. En la actualidad los autobuses pueden costar más de un millón de dólares. En esos tiempos, un autobús más o menos nuevo tenía un precio de aproximadamente $300,000 dólares. Estábamos teniendo éxito, pero yo soy un hombre muy ahorrativo. Pienso que hay que gastar dinero cuando tienes que hacerlo, pero si puedes conseguir lo que necesitas por menos, ¿Por qué no?

Encontré un viejo autobús. Ni siquiera recuerdo cuánto pagué por él. Fue un precio muy económico, pero necesitaba algo de trabajo. El interior era solamente una caja larga. Era un cuarto grande y vacío, sobre ruedas. No tenía ningún asiento ni lugar donde guardar las cosas. Habría que construir el interior del autobús. Tal trabajo sería mucho más complicado que el tráiler, por lo cual contraté a un carpintero para que hiciera el trabajo. Construyó doce camas literas en el centro. Agregamos un cuarto en la parte trasera para que los chicos miraran televisión. Teníamos otro cuarto al frente que era como una sala. Cuando se completó la construcción, el autobús ya tenía nombre y le llamamos "Big Bertha" (Berta la Grande). ¡Ahora viajaríamos con estilo!

Así como lo expresa Willie Nelson en su canción, estábamos listos para estar "en la carretera, otra vez."

Yo me convertí en el chofer oficial de Bertha la Grande. No pensé en que tenía que obtener una licencia de chofer. Yo sentía que el autobús era sólo otro vehículo, como una vagoneta de gran tamaño. En realidad, era un autobús coach de cuarenta pies de largo, casi lo largo de tres MaxiVans puestas en fila, defensa a defensa.

El Astrodome

La Feria del Ganado de Houston Texas, por todos conocida como El Rodeo de Houston, es un gran escenario de conciertos que se llevan a cabo en el Astrodome. Todo artista famoso toca en El Rodeo de Houston. Tocan artistas de todos los géneros, R&B, Country, Pop, Tejano, Regional Mexicano. Todos.

Selena fue la única artista que cantó en El Rodeo por tres años consecutivos.

Pero los organizadores no nos llamaron; yo les llamé. Hice la llamada en frío, preguntando quién estaba a cargo de contratar a los grupos. Me dieron el nombre de la promotora, Lori Renfrow, y le llamé. Para esas fechas Selena y Los Dinos ya eran bien conocidos. Selena se estaba popularizando en todas partes y la Srta. Renfrow había escuchado de ella. Le dije—me gustaría saber si me dan un contrato para que el grupo toque allí. La Srta. Renfrow dijo—¡Definitivamente! ¡Y nos hizo una oferta! Así fue como entramos al Houston Livestock Show and Rodeo, El Rodeo. La Srta. Renfrow nos dio el primer contrato en 1993, luego otro en 1994, y uno más en 1995.

La primera experiencia de Selena y Los Dinos en El Rodeo fue inimaginable. Entras al gigantesco domo y vez que es una cosa gigantesca y circular, con 60,000 asientos. Cuando el grupo tocó se escuchaba el eco. ¡Increíble! ¡Magnífico! ¡Estupendo!

Selena y Los Dinos agotaron todas las entradas en cada una de sus presentaciones por tres años consecutivos. En 1993, Selena rompió el récord de asistencia en el Astrodome al llenar con una muchedumbre de exactamente 57,894 fanáticos. En 1994, rompió su propio récord con una asistencia de 60,081 fanáticos. En 1995 logró otro récord. Los encabezados continuaban—La superestrella Tejana Selena se lleva el récord en famoso concierto en el Astrodome. En su tercer concierto, Selena llenó con 67,000 fanáticos, rompiendo su propio récord.

El grupo estaba en su apogeo. Teníamos a Ricky Vela con nosotros. En ese tiempo había entrado Pete Astudillo. Chris Pérez entro al grupo, añadiendo su sonido de rock duro. Don Shelton entró como corista y bailarín. Estaban también en el grupo

Freddy Correa de Los Barrio Boyzz, Art Meza en percusiones, Joe Ojeda en teclados y, por supuesto, Suzette en la batería, y el líder del grupo, A.B.

Ese era un grupo musical espectacular. Ese fue el grupo que se mantuvo unido por muchos años.

¡México, aquí venimos!

Selena se estaba haciendo más y más popular en todo Estados Unidos y nos estaban llegando solicitudes para presentaciones en México. Bertha la Grande nos llevó a uno de los viajes más inolvidables a Monterrey, México.

Nos había contactado un promotor mexicano. Una vez que negociamos el precio y fijamos la fecha, estábamos listos. ¡Todos estábamos emocionados de ir a tocar en concierto en México! A pesar de que yo había nacido en Corpus Christi y que todos mis niños crecieron en Texas, en realidad no sabíamos mucho acerca de México. Conocíamos las ciudades de la frontera, como Nuevo Laredo, Reynosa y Matamoros, pero solamente en cortas visitas. Eso era todo lo que sabíamos de México. Ahora teníamos la oportunidad de adentrarnos al interior de México. Esperamos con ansias a que llegara la fecha de nuestra presentación allí.

En realidad, no teníamos ni la menor idea en lo que nos estábamos metiendo. El promotor me dijo que tendría cinco escenarios diferentes establecidos alrededor de un área extensa, con boletos para estar de pie únicamente. El promotor lo denominó "Baile Masivo." Por supuesto, eso no era un baile, sino

solamente gente de pie, mirando las presentaciones de los artistas. Dijo que esperaban unas 96,000 personas.

No me podía imaginar 96,000 personas en un mismo lugar.

El promotor organizó una conferencia de prensa para Selena,
antes del concierto. Rumbo al hotel, le dije a Selena que yo sería
quien hablaría con los periodistas. Sin embargo, ella dijo—No.
Yo quiero hablar con ellos. Yo le contesté—¿Cómo vas a hablar
con ellos? No puedes hablar español y ellos no hablan inglés.
Selena contestó con serenidad—Bueno, tengo que empezar a
aprender. Yo estaba totalmente sorprendido, y contesté—Pero
no aprender en una conferencia de prensa de tan gran magnitud.
Selena insistió en que quería hablar con la prensa y finalmente le
dije—¡Perfecto! ¡Manos a la obra!

Entramos a la sala de conferencias y habían cerca de cuarenta periodistas de medios impresos, radio y televisión. Había cámaras por todos lados. Al frente estaba una pequeña
mesa designada para que nos sentáramos Selena, el promotor
y yo.

Pues bien, el promotor y yo entramos y nos fuimos directo
a sentarnos a la mesa de conferencia. Volteé a buscar a Selena,
pero no estaba con nosotros. En vez de seguirnos, Selena había tomado una desviación y ahora se encontraba saludando de
persona en persona, de periodista en periodista. Estrechaba sus
manos, haciendo bromas y riéndose con ellos. Yo estaba asombrado. Los periodistas no entendían lo que ella estaba diciendo
y ella no tenía ni idea de lo que le decían los periodistas, pero la
personalidad de Selena encantó a cada uno de ellos al estrechar
sus manos y tener el detalle de acercarse a conocer a cada uno
de ellos.

Fui testigo del gran cambio que ocurrió en esa sala de conferencias. Los periodistas estaban bromeando con ella. "¡Cántanos una canción, Selena!" le gritaban alegremente. Por fin Selena llegó a la mesa y se sentó. Selena se había ganado el cariño de todos los presentes. Ya habían empezado a sentir amor por Selena.

Al siguiente día, los periódicos más importantes de Monterrey, El Metro y El Norte, publicaron notas no acerca del futuro concierto, sino, de todas las cosas posibles, acerca del color de piel de Selena. Escribieron que Selena era *morena*, de tez oscura, y que representaba al pueblo de México, a las masas. Yo pensé que eso era un tanto extraño. ¿Por qué hablar acerca del color de su piel? Más tarde entendí por qué. La mayoría de los periodistas eran de descendencia indígena. Sus ancestros eran de piel morena y de cualquiera de las muchas comunidades indígenas incluyendo a los Mayas, los Mixtecos y los Oaxaqueños. Por otra parte, muchos de los artistas mexicanos, cantantes y actores, tienen descendencia europea. Son en su mayor parte blancos y de ojos azules o verdes. Y, a decir verdad, generalmente hay un piquete, un abismo cultural y un clasismo entre los reporteros y los artistas. Sin embargo, Selena, al igual que muchos de los periodistas, tenía rasgos de mujer morena. Y Selena los respetaba. Pude entonces entender porqué le dieron todo su respaldo. Selena era una artista en la cual se veían reflejados y que los trataba como iguales. Fue de allí que surgió el cariño entre Selena y los periodistas.

Hasta el día de hoy, la gran mayoría de admiradores mexicanos no dicen que Selena era mexicoamericana. Para ellos fue y es mexicana.

Baile Masivo

Ya para ese tiempo, si íbamos a tocar en grandes eventos, teníamos un equipo de producción que salía antes que nosotros a preparar el escenario. El equipo de producción viajaba en un par de camiones de carga y llevaban todo el equipo. Llegaban el día de la presentación, colocando y conectando todo el equipo de sonido, el escenario y las luces. Nuestro escenario era grande—cuarenta pies de ancho por cuarenta y cinco pies hacia la parte posterior. Mientras el equipo de trabajo preparaba todas las bocinas y los cables, yo me paré en la tarima y medí, mirando hacia abajo, que estábamos a seis pies del suelo, lo cual es demasiado cerca del público. Observé alrededor y conté 100 baños públicos móviles. Hice una pausa para pensar en la logística. ¿Cien baños públicos para 96,000 personas? ¡Si hacemos las matemáticas, eso es un baño por cada 9,600 personas!

Los otros grupos musicales que también se preparaban para la presentación eran muy populares: Bronco, Emilio Navaira, Grupo Mazz. Todos eran grupos de hombres. Selena era la excepción. Había cinco escenarios. Cada grupo tenía su propia tarima, equipo de sonido y luces. Todo.

Después de que nuestro equipo de producción bajó nuestro equipo, estacionamos los camiones justo atrás del escenario, para evitar que el público entrara por la parte posterior del escenario.

En México, cuando les gusta un artista, los fanáticos se enloquecen. Se emocionan mucho. La música de Selena ya había cruzado la frontera y la estaban tocando las estaciones de radio mexicanas. La música de Selena ya era muy popular allí, pero esa era la primera vez que ella cantaba en un evento de esa magnitud en México. Y sucedió justo como se muestra en la película *Selena*. Noventa seis mil personas llenas de emoción y entusiasmo, apasionadas.

Uno de los grupos terminó su presentación y luego llegó Selena. El público la miro llegar, y de inmediato empezaron a aclamar—¡Selena! ¡Selena!

El público podía voltear en cualquier dirección para ver uno de los cinco escenarios, pero ahora todos estaban con la vista en nuestra tarima. Cuando salieron Selena y el grupo, los ojos de Selena se llenaron de sorpresa. Luego sintió miedo. Era de dar miedo el estar ante un público tan enorme. Era algo que ninguno de nosotros había experimentado antes.

Recuerda, la tarima estaba a sólo seis pies del suelo. Algunos de los fans ya estaban subiéndose al escenario y mi equipo de producción los empujaba, regresándolos abajo. El promotor me gritó—¡Sr. Quintanilla, dígale a su gente que no empuje a los fans o se nos van a enojar! Yo le grité contestándole que trajera a guardias de seguridad a la tarima. ¡Luego volteé y vi que los guardias de seguridad que él había contratado estaban escondidos detrás de las columnas de sonido! Yo les grité—¡Vengan a ayudarnos! Los guardias se quedaron tiesos detrás de las bocinas y con movimiento del dedo me indicaron—No. Estaban muy asustados como para salir. Yo no lo podía creer.

Luego el promotor me dijo—Vale más que saques a Selena y al grupo a tocar, porque esta gente quiere escucharla. Yo le dije a Selena—Necesitas que el grupo empiece a tocar. Los Dinos empezaron a tocar y Selena cantó por primera vez en Monterrey. La música tranquilizó al gran público. Eso es lo que ellos querían. Querían escuchar al grupo. Querían escuchar a Selena.

Cuando ella empezó a cantar, podías ver las olas de gente, todos de pie en un campo al aire libre, meciéndose con el ritmo de las canciones. Una vez más, el escenario no estaba tan lejos del suelo. Yo no entiendo porqué a las chicas les gusta estar enfrente del escenario. Cuando las olas de la gente se empezaron a mover, las chicas al frente estaban siendo trituradas. Algunas se desmayaban. Yo me puse de bruces sobre la tarima con mi equipo de trabajo y empezamos a levantar a las chicas que se habían desmayado, colocándolas en la tarima para que la muchedumbre no las lastimara. Hubo muchas jovencitas que tuvimos que sacar y llevar a la estación de primeros auxilios.

Ese fue nuestro primer gran concierto en México. Nos acostumbramos a ese tipo de respuesta del público porque en cualquier lugar de México que tocáramos, teníamos una experiencia similar.

Viajamos por todo México en Bertha la Grande. Sin embargo, ese concierto en Monterrey es uno que nunca voy a olvidar.

La carretera continúa

Selena había conquistado a los Estados Unidos. Luego México y Centroamérica. Estábamos pensando en una gira por Europa. Ese era nuestro siguiente paso, pues ella ya estaba teniendo éxito con el público angloparlante en Estados Unidos. Una vez que logras entrar al gusto del público en general, eso te abre las puertas de Europa y el resto del mundo.

Yo podía ver que no había nada que detuviera el éxito de mis chicos. Estaban a punto de convertirse en grandes estrellas del entretenimiento y en grandes artistas. Esa no es la razón por la cual empecé en este camino, pero la emoción de lograr algo que pensé podría haber logrado con mi grupo en las décadas de 1950 y 1960, ahora se convertía en realidad y estaba frente a mí. Nunca entendí el racismo que existía en ese tiempo en el sur de Texas. Sin embargo, hablando con la verdad, no había manera en la cual mexicoamericanos hubieran tenido ningún tipo de éxito grande con el público general cruzando las barreras del lenguaje, la música y los estilos. Hubo unos cuantos que alcanzaron a entrar en el gusto popular americano, como Vikki Carr y Trini López, ambos buenos y sólidos cantantes y ambos con raíces en Texas. La Srta. Carr no cantó en español sino hasta cuando ya tenía mucho éxito. López cantaba principalmente canciones del folklore americano pop americano contemporáneo. No creo haber escuchado a Trini López cantar en español, excepto por *La Bamba*.

Mi grupo original, The Dinos, cantando en inglés, verdaderamente creíamos que podíamos cruzar hacia el mercado popular americano, pero nunca comprendimos que, en ese tiempo, la década de 1950 en Corpus Christi, no había manera de que eso sucediera. Tenemos que recordar que Corpus Christi está en el verdadero sur de Estados Unidos. ¡Estábamos más al sur que Mississippi! La ciudad estaba completamente segregada. Había tres escuelas: Roy Miller High School para mexicanos, W.B. Ray High School para los angloamericanos, y Solomon Cole High School para negros. En el centro de la ciudad había baños públicos para negros y baños para blancos. Había también fuentes de agua para negros y fuentes para blancos. ¡No había nada para la gente de piel canela! Por eso íbamos a cualquiera de los baños. *¡Cuándo te dan ganas, ni modo, tienes que ir!*

Entrábamos al baño de los negros y nos miraban como preguntando—¿Qué hacen ustedes aquí? Y si íbamos al baño de los blancos, ellos nos miraban como diciendo—¿Qué les pasa? ¿Qué hacen aquí? Lo único que puedo decir con seguridad es que ambos, los negros y los blancos, tenían miedo a los mexicanos. Existía entonces el estereotipo de que los mexicanos no eran muy altos, pero cargaban cuchillos más largos que sus brazos. No era cierto, por supuesto, pero ese era el estereotipo.

A pesar de que experimentamos estas cosas, yo nunca me sentí discriminado. La población de Corpus Christi siempre ha sido aproximadamente 65% mexicoamericana. Teníamos una gran comunidad mexicoamericana que nos abrigaba a todos y a nosotros, Los Dinos.

Dos de las experiencias de la vida real de The Dinos se mostraron en la película *Selena*. Nos habían contratado en Sinton, Texas, para tocar en un baile mexicano. El nombre del salón de baile te dice qué tipo de lugar era—El Campo de las Labores, *The Labor Camp*. Los concurrentes eran principalmente mexicanos o mexicoamericanos que cosechaban el algodón. Tengo que decirlo, eran un público muy escandaloso. El promotor nos contrató y pensó que como éramos mexicanos tocábamos música mexicana. The Dinos subieron al escenario y empezamos a tocar una canción americana de doo-wop. Todo mundo en el lugar se nos quedó viendo con asombro. Terminamos y nadie aplaudió. Empezamos la siguiente canción, otra doo-wop. ¡Eso los enfureció! Empezaron a gritar—¡Oigan, toquen música mexicana! Unos cuantos nos gritaban insultos. Luego, de la nada, un hombre saltó sobre la tarima y empezó a forcejear con Bobby. Yo los separé y empujé al hombre fuera de la tarima. Bueno, eso no tuvo buenos resultados. El promotor corrió, arrebató el micrófono y dijo a todos los presentes que estaba cerrando el baile y que les iba a regresar su dinero.

Pero eso tampoco satisfizo al público. ¡Rápidamente se convirtieron en una muchedumbre, gritando que nos iban a esperar afuera para golpearnos! ¡Y todo porque habíamos cantado una canción doo-wop! Eso salió en la película y sucedió en la vida real.

La otra experiencia fue con el dueño de un club aquí en Corpus. Era un club muy grande, y popular con el público anglo. Nosotros ya habíamos grabado en inglés y nuestra música se escuchaba en las estaciones de radio pop en inglés. El dueño del club escuchó nuestra canción, llamó a la estación de radio y habló con el programador, un muchacho de nombre Charlie. Charlie me llamó y me dijo—Quieren contratarlos. Emocionados, fuimos al club a conocer al dueño, pero cuando entramos, el dueño nos miró de arriba abajo y preguntó—¿Qué es lo que ustedes quieren aquí? Le conteste tranquilo—Somos The Dinos. ¡La sorpresa le cayó como agua helada! Nos pidió que esperáramos afuera. Unos minutos más tarde fue con nosotros y me entregó un cheque por $10 dólares, acompañado de las palabras—Les llamaremos si los necesitamos.

Sentí una gran mezcla de emociones en ese momento. Me sentía herido y furioso porque sabía que la única razón por la cual nos había rechazado era porque éramos mexicanos. ¿Era eso discriminación? Probablemente. Pero ¿dejé que eso me molestara? No.

Y acerca de ese cheque, lo rompí en mil pedazos y lo tiré a la basura.

La verdad es que esos dos incidentes fueron la razón por las cuales empezamos a cantar en español. Nos reunimos y dijimos—Escuchen, tenemos que hacerlo. No hay otra manera de ver esto. Todos en el grupo hablábamos español, pero nos gustaba mucho la música americana. Por eso nunca nos habíamos concentrado en cantar en español. Estas situaciones nos forzaron a hacer el cambio. Ahora es un hecho que la parte más larga de nuestras carreras en la música ha sido en la música Tejana. Nuestra carrera en inglés fue de 1957 hasta aproximadamente 1961. Desde ese punto de partida, todo era Tejano. Y fue entonces cuando empezamos a tener más éxito.

El punto es que, en esos años, pensábamos que éramos tan buenos como para hacer el cruce al mercado general, sin entender que no había manera de que eso pudiera suceder. Las condiciones no eran apropiadas. El racismo era muy fuerte. En ese entonces, yo no sabía que estaba tratando de lograr algo imposible. Yo era solamente un cantante de un grupo que quería proveer entretenimiento para todos.

Con la segunda generación de Los Dinos, el tiempo y las circunstancias eran perfectos. Yo estaba muy emocionado mirando hacia el futuro donde podía visualizar que mis niños podían lograr un lugar en la cima del mundo del entretenimiento. Como padre de familia, eso me llenaba de orgullo. Sentía que habíamos logrado el reto todos juntos. Con certeza, los premios que Selena y el grupo estaban recibiendo confirmaban mis observaciones.

Selena tenía trece años cuando ganó su primer premio. Fue en 1983 y de parte de la Asociación de Locutores en Español de Texas. Le otorgaron el Premio Zenzontli como Nueva Vocalista Femenina. ¡El premio fue algo inesperado y lo recibimos por correo! ¡Vaya, que eso fue algo asombroso!

Dos años más tarde, en 1985, los Premios a la Música Tejana nominaron a Los Dinos como la Banda Más Prometedora. Selena recibió nominaciones como Mejor Artista Femenina del Año y Vocalista Femenina del Año. El álbum de Los Dinos, *Alpha*, fue nominado como Álbum del Año y su canción, *"Dame un beso,"* recibió la nominación como Canción del Año. Y los Premios a la Música Tejana nominaron a Selena de nuevo, como Vocalista Femenina del Año, premio que ganó. Selena tenía quince años.

Desde ese momento, ella se convirtió en una estrella ascendente. Por los siguientes once años, Selena recibió múltiples Premios a la Música Tejana como Artista Femenina del Año y Vocalista Femenina del Año, compartiendo premios con A.B. y el grupo en Canción del Año, Álbum del Año, Sencillo del Año y Espectáculo de Banda del Año.

En 1994, recibió el Premio Grammy por Mejor Álbum Mexicoamericano en Vivo por *Amor Prohibido*, convirtiéndose en la primera artista Tejana en ganar este premio.

Se presentó un premio póstumo a Selena, en 1997, con los premios de Álbum del Año en todos los géneros, por *Dreaming of You*, ("Soñando Contigo") y Canción Tejana de Cruce por *I Could Fall in Love*, ("Podría enamorarme.")

Fue en los Premios a la Música Tejana de 1989 donde se nos presentaron dos grandes compañías que cambiarían el curso de la carrera de Selena. Coca-Cola ofreció a Selena el ser la artista representante para el mercado hispano, lo cual ella aceptó. Esta decisión tuvo como resultado el apoyo de un producto de renombre que la lanzara a una audiencia nacional. Selena fue la artista representativa de Coca-Cola por seis años, hasta el día de su muerte.

Después de los premios, José Behar, en ese entonces presidente de Capitol-EMI Music, llegó tras bambalinas y ofreció a Selena un contrato de grabación como artista de Capitol-EMI Music. Una figura clave en la carrera de Selena, Behar dirigió los pasos de Selena hacia el mercado general en inglés. Fue José quien sugirió a los grandes productores y compositores de música pop en inglés, tales como Franne Golde y Tom Snow, quienes escribieron *Dreaming of You*, para el álbum de cruce al mercado general. Los esfuerzos de José y su colega, Manolo González, hicieron posible el lanzamiento de Selena en el mercado general en inglés con el álbum *Dreaming of You*.

Es un hecho en verdad triste que nunca sabremos qué tan exitosa hubiese sido Selena en el mercado en inglés, pero juzgando por el éxito de su primer álbum, el cual es aún muy popular hasta hoy, yo me atrevería a decir que se hubiese convertido en una gran superestrella.

Verán ustedes, queridos amigos y amigas, no me gusta decirlo porque luego me acusan de estar presumiendo, pero desde el principio, Selena era una estrella. Había algo en ella: su carisma, su presencia, su talento. Dondequiera que ella iba, llamaba la atención. Selena era ese tipo de persona. Un ser humano maravilloso.

Lo que comenzó como algo para que mis niños ocuparan sus mentes se convirtió en la continuación de mi sueño. Tal vez subconscientemente eso era lo que yo quería, pero no es como había empezado.

La música era mi pasión. La música se convirtió en la pasión de mis hijos. Cada uno de ellos tiene talento propio. El talento de A.B. es de escribir canciones, hacer arreglos y producir.

Suzette tiene gran talento para tocar la batería y para crear mer-cadotecnia y productos.

Y Selena era un talento natural. Tenía talento en todo: can-tando, bailando, en sus presentaciones. Ella iba a convertirse en una superestrella. Desafortunadamente, su vida fue acortada de tajo por una mujer estúpida y furiosa.

CAPÍTULO SIETE

Un sueño sin cumplir

Hay caminos que todos hemos tomado, sabiendo hacia dónde nos llevarían. Sin embargo, hay de pronto repentinas desviaciones. Al final, algunos caminos terminan en celebraciones, otros en decepciones y otros más que te regresan hasta tu punto de partida. Pero yo nunca me imaginé que algún día me encontraría en una carretera tan tristemente obscura, tan dolorosa, tan atroz como la carretera que tenía como final la muerte de mi querida hija. El corazón de cada padre guarda el mismo deseo, que su niño o su niña no se muera antes que ellos. Como padres, una madre, un padre, todos queremos que nuestros hijos logren disfrutar sus vidas con felicidad y buena salud. Deseamos que tengan largas vidas en las cuales nosotros somos testigos cariñosos de sus descubrimientos acerca del amor, la alegría, el éxito, y de la experiencia inigualable de tener sus propios hijos.

Marcella y yo no lo sabíamos en esos momentos, pero nuestra familia ya había emprendido el camino en la carretera más obscura de nuestras vidas. Esa carretera terminaría en un evento aplastante y devastador que afectaría para siempre el resto de nuestras vidas: una vida sin nuestra amada hija, Selena.

Nuestra hija

Selena era un ser humano muy especial. No tenía ni el menor indicio de maldad en su ser. Hasta que nos vimos en esta carretera, yo nunca la había visto enojada y ninguna vez le había levantado la voz a nadie. Esa dulce sonrisa que todos sus fans adoraban, esa sonrisa empezaba en su corazón e iluminaba su cara, enviando brillantes destellos a sus ojos, y era real. Toda la gente que la conocía se encariñaba con ella. Selena era una persona genuinamente agradable, con un corazón bondadoso y su alma llena de amor. Siempre hacía que todos a su alrededor se sintieran especiales. La bromista y la amiga, Selena era ambas cosas para muchas personas. Más que todo, Selena era muy confiada. ¿Y cómo no serlo? Toda la gente que la conocía solo quería lo mejor para ella.

A Selena le importaba el bienestar de las personas y el buen tratamiento de los animales. Siempre exhortaba a sus fans para que continuaran sus estudios. Producimos y grabamos un número de anuncios de servicio público en los cuales Selena comunicaba la importancia de la educación con sus fans. Si Selena hubiese vivido en cualquier otro lugar además de la casa que compartía con su esposo, Chris Pérez, hubiera sido en un rancho. Ella amaba a todo tipo de animales, perros, gatos y caballos. Dato curioso, en su casa, Selena y Chris tenían lo que se puede considerar como una perrera, con dos gigantescos perros mastín y dos perros más pequeños.

Por sobre todas las cosas, Selena amaba a su familia. Marcella y Selena tenían un lazo especial como madre e hija. Disfrutaban cuando pasaban el rato juntas de compras, pintándose las uñas y a veces platicando por horas. Suzette y Selena eran amigas del alma. Como amigas, guardaban entre ellas sus secretos acerca de la vida, del amor y del futuro. A.B. y Selena disfrutaban su tiempo juntos al crear música. ¿Y conmigo? Selena era mi pequeñita, mi niña querida.

Selena quería mucho a sus fans. Siempre estaba dispuesta para una fotografía o para dar un autógrafo. Después de sus conciertos en vivo, donde cantaba y bailaba algunas veces hasta dos horas o más, ella se quedaba a firmar autógrafos para cada persona en la fila. No se retiraba hasta que había saludado y dado su autógrafo a la última persona. No hay muchos artistas que hacen eso.

El enorme éxito que experimentó no cambió a la muchacha sencilla y amigable de Corpus Christi, como era ella, disfrutando de su vida en su vecindad y con sus amigos. El Premio Grammy, los Premios a la Música Tejana y los muchos reconocimientos que recibió no le llenaron la cabeza de mariposas. Adoraba estar en un escenario y al igual grabando y creando nueva música. Igualmente, como cualquier otra joven de su edad, con el futuro abierto y prometedor, Selena soñaba acerca de otras cosas que quería hacer en su vida. Ella quería ser mamá. Y también quería tener su propio negocio.

El sueño de Selena no era tener una empresa de la familia. La tienda y la línea de diseños de ropa eran propiedad solamente de ella. En enero de 1994, Selena tuvo la gran apertura de su boutique en Corpus Christi y poco tiempo después abrió su segunda boutique en San Antonio. Tenía planes para abrir su tercera tienda de ropa en Monterrey, Nuevo León. Las tiendas llevaban como nombre *Selena, Etc.* Las primeras dos boutiques fueron un éxito instantáneo con el público. La marca *Selena, Etc.* era muy popular con sus fans y con todas las personas que visitaban las tiendas. La ropa era elegante, divertida, bien hecha y económica. Todos estábamos muy orgullosos de ella y de este gran logro.

Selena y el grupo siempre estaban ya sea en la carretera, de gira, o en el estudio grabando. Selena había contratado a una amiga de la familia, quien estaba casada con uno de nuestros miembros del equipo de producción, para que se encargara del manejo de las tiendas. Sin embargo, cuando esa joven mujer quedo embarazada y esperaba su primer hijo, nos avisó que tenía que dejar el empleo. Selena necesitaba encontrar a otra persona para hacer el trabajo.

A pesar de que la música era su compromiso más importante, las boutiques de Selena eran su orgullo y le daban mucha alegría. Estaba preocupada de poder encontrar una buena persona para el manejo de las tiendas. No había nadie a quien conociéramos en nuestro círculo inmediato y, en esos momentos, ella no sabía cómo encontrar a otra persona que llegara a llenar la posición. Le llegaron momentos de pánico. La miré muy preocupada y le sugerí—¿por qué no le preguntas a la mujer que es oficial de tu club de fans? Parece una persona muy agradable.

El club de fans

Tres años antes, en 1991, aún estábamos madurando como grupo musical. No teníamos una oficina para nuestra compañía, Q Productions. La recámara para invitados en nuestra casa se convirtió en nuestra oficina. No teníamos una secretaria y, en su lugar, usábamos una máquina contestadora para las llamadas de negocios. Por un número de meses, cada vez que regresábamos de una gira, había dos o tres mensajes en la máquina contestadora, de parte de una mujer llamada Yolanda Saldívar.

Yo siempre he tenido una política de puerta abierta para nuestro negocio, lo cual significa que, si alguien quiere hablar de negocios conmigo, todo lo que tienen que hacer es llamarme. Y yo contesto las llamadas. Yo sé lo que se siente cuando no te contestan las llamadas. Yo regreso la llamada a cualquier persona que deje un mensaje.

Cuando regresé la llamada de Saldívar, ella sonaba muy formal. Me dijo que era una enfermera registrada. Había visto al grupo presentarse en San Antonio y el espectáculo fue tan bueno que se sintió muy emocionada por la experiencia. Preguntó si teníamos un club de fans en el área de San Antonio. En esos momentos no teníamos ningún club de fans. Luego me preguntó si le daba permiso de empezar un "Club de Fans de Selena y Los Dinos." Dijo que el club de fans sería para fans jóvenes y adolescentes que admiraban al grupo.

Le dije que discutiría la idea con mis hijos y que le llamaba después.

Suzette y Selena pensaban que la idea de un club de fans era buena. Ayudaría al grupo el tener ese tipo de apoyo. Le llamé a Saldívar y le di mi aprobación. Ella estaba feliz con la noticia. Los clubs de fans para grupos y artistas colocan mesas en los conciertos y las presentaciones para vender comida o bebidas a los concurrentes. Ella me aseguró que aplicaría para una licencia del estado para organización sin fines de lucro de parte del Estado de Texas, y que donaría todo dinero que recaudara el club para obras caritativas.

Saldívar empezó el club y se nombró a sí misma como presidenta. Supuestamente tenía a otra persona como tesorera. Yo no me metí en detalles. Sonaba como una operación sencilla. Por $22 dólares, ella asignaría una tarjeta de membrecía a cada fan. Los miembros del club de fan también recibirían una camiseta playera de *Selena y Los Dinos*, un lápiz de Selena, una fotografía autografiada del grupo y un boletín mensual que Saldívar escribiría acerca de las presentaciones y las noticias acerca del grupo. Una vez que le di mi autorización, hizo un arreglo para obtener camisetas y fotografías de Q Productions. Sin embargo, se tomó casi tres años hasta que conocí a Saldívar en persona.

Era el otoño de 1994 cuando Selena estaba muy preocupada acerca de encontrar quien administrara las boutiques. Necesitaba a alguien que le quitara la presión del manejo de las tiendas. Las dos tiendas tenían una boutique de ropa y un salón de belleza que empleaba a artistas de maquillaje, cosmetólogas y manicuristas. Selena solamente necesitaba a alguien que supervisara las tiendas y se asegurara que todo estuviera en orden.

De acuerdo con todas las indicaciones, el club de fans funcionaba muy bien. Pensé que, si Saldívar era enfermera registrada, tenía que ser inteligente. No le pedí un currículum vitae ni ninguna información. Sólo estábamos buscando a alguien inteligente y organizada. Le llamé y le pregunté si le interesaba la propuesta. Ella aceptó de inmediato. También me dijo que podía aún hacerse cargo del club de fans.

Saldívar vivía en San Antonio. Cuando se le contrató, viajaba de una tienda a la otra. No fue sino hasta principios del 1995 que Saldívar vino a la tienda de Corpus Christi, y fue entonces que la empecé a conocer mejor, pero no muy bien. No sentía como que tenía que evaluarla. Nunca socialicé con ella. No tenía ninguna interacción con ella. Yo no quería inmiscuirme en los negocios de mis hijos.

Cartas de preocupación

Poco después de que Saldívar fue empleada para manejar las tiendas, empecé a recibir correspondencia a Q Productions, de parte de padres enojados. Los padres escribían que habían enviado la cuota para que sus niños se hicieran miembros del Club de Fans de Selena y Los Dinos, pero no habían recibido los materiales (la foto, playera y el lápiz), que se suponía debían de recibir como nuevos miembros.

Uno de los padres escribió—En abril envié la aplicación y el cheque por la cuota para que mi hija se hiciera miembro del Club de Fans de Selena. No he escuchado nada más y pensé que mi carta se había perdido. Pero luego vi que mi cheque fue depositado. ¿Podría usted decirme qué está pasando? Mi hijita revisa el correo todos los días esperando su paquete.

Otro padre escribió—Les envié un cheque por la suma de $22. Mi hija no recibió los artículos a los que es merecedora como nuevo miembro del club. Sólo recibió su boletín. No recibió la bolsa de cadera o la playera. Va a ir a una excursión escolar y quiere usar su playera y la bolsa de cadera. He llamado tres veces y aún no he recibido una respuesta de ustedes. Voy a llamar al Buró de Mejores Negocios si ustedes no me contestan. Favor de enviar los artículos que mi hija se merece como nuevo miembro del Club de Fans de Selena.

Me hice la consigna de ir a la boutique y preguntarle a Saldívar acerca de esas cartas. Ella solamente le restó importancia diciendo—Están mintiendo. Mienten para que les mandemos otro paquete gratis. Usted sabe cómo es la gente. No me gustó la respuesta, pero pensé en obtener más cartas antes de poder tomar acción. En unos días recibí más cartas. Una de ellas decía—Ésta es acerca de los paquetes que ustedes dijeron se me habían enviado hace dos semanas. Dejé otro mensaje con tu prima. Ya que no he recibido una respuesta, adjunto copia del cheque cancelado. Por favor dígame qué está pasando. No quiero que mi hija se decepcione. Ella ha esperado que llegue su paquete por mucho tiempo.

Si hubiera sido una carta o dos, lo hubiera ignorado. Pero ahora estábamos recibiendo de doce a quince cartas por semana. Y como dice el dicho—Donde hay humo, hay fuego. Decidí investigar qué era lo que estaba pasando.

Saldívar estaba en Corpus trabajando en la tienda. Me acerqué y le pregunté, por segunda vez—¿Qué es lo que está sucediendo con estas quejas? La gente está enojada. Esto no está bien. Lo desmintió de nuevo diciendo—Están mintiendo. La gente miente para poder recibir un segundo paquete gratis. Esta vez no le creí su argumento. Toda la información de membrecías debía estar en un archivero en la tienda de San Antonio, así es que le dije que iba a ir allí para buscar en los expedientes del club de fans.

Ese mismo día manejé a San Antonio y fui directo a la boutique. El archivero donde se guardaban las membrecías se encontraba en el área de la recepción, pero estaba cerrado con llave. Pedí a la recepcionista que me diera la llave, pero me informó que ella nunca había recibido la llave y no sabía dónde estaba. Sentí que unos cuantos de los empleados se estaban haciendo tontos, pero nadie parecía saber dónde estaba la llave o cómo abrir los archiveros. Hice lo único que podía hacer. Agarré el archivero, lo subí a mi camioneta y lo traje a Q Productions. Con la ayuda de un par de mis trabajadores, forzamos el archivero para abrirlo.

Me sorprendió encontrar las tres gavetas de arriba llenas con cartapacios grandes, todos vacíos. Llamé a la tienda y les pregunté si ese era el archivero correcto, el del club de fans de Selena. Y, ya que los cartapacios estaban vacíos, ¿Por qué tenían que estar bajo llave? Pero los empleados no sabían nada acerca de los archiveros o acerca de los cartapacios, o no me lo estaban diciendo.

Esto me irritó sobremanera. Estaba furioso. Y estaba enojadísimo porque me di cuenta de que esa mujer nos estaba engañando.

Recordé que Saldívar tenía una prima que trabajaba en la boutique de San Antonio. Yo le había dicho a Saldívar que iba a ir a San Antonio a ver el archivero del club de fans de Selena. Ella debe haberle llamado a su prima para que sacara todos los expedientes. La prima había limpiado el archivero. Cuando menos eso es lo que ellas pensaban.

Luego abrí la gaveta de abajo.

En la gaveta de abajo del archivero había un sobre color manila. Se les había olvidado ese. Dentro de ese sobre había algunos recibos de las tiendas Selena, Etc. Me pareció raro que Saldívar guardara recibos de venta bajo llave.

También encontré una fotocopia de una carta escrita a mano. La firma era de "María Saldívar," la hermana de Yolanda Saldívar. La carta era como un tipo de confesión, una explicación de María, quien se firmó como "asistente de la secretaria" del club de fans. Sin embargo, yo sabía que la hermana de Saldívar no era miembro del club de fans ni oficial. Yo había conocido a todas las jóvenes que eran oficiales del club.

(Unas semanas después del incidente, cuando comparé la firma en la carta con los cheques que encontramos hechos pagos a Yolanda Saldívar y firmados por ella misma, me quedó claro, debido a que la escritura idéntica, que la carta fue escrita por Yolanda Saldívar y no por su hermana.)

La carta decía que "María" le había dado a otra persona de nombre "Yvonne," $3,000 dólares en efectivo para depositar en la cuenta de banco del club de fans. Pero "Yvonne" nunca depositó el dinero y se desapareció. Nunca más nadie supo de ella. "María" continuó, escribiendo que, a pesar de que sabía que el dinero en efectivo no se había depositado, hizo dos cheques por un total de $3,000 dólares, pagos a Yolanda Saldívar. Continuó la carta de "María"—Yo sabía que esto expondría al banco a tener una pérdida, y acordé con el banco el cerrar esta cuenta.

Mi mente pasaba y repasaba todos los hechos. Algo no estaba bien. No existía la tal Yvonne.

Desde entonces, he aprendido que los desfalcadores tienen múltiples cuentas de banco abiertas al mismo tiempo. Siguen abriendo y cerrando diferentes cuentas de banco, intentando ocultar sus transacciones ilegales. Esa es la mente de un criminal. Pero Saldívar era algo más que una simple criminal.

El haber descubierto esa carta fue el principio del fin.

El enfrentamiento

Mostré la carta a Selena y a Suzette, y ambas estaban muy alteradas. Le expliqué a Selena que teníamos que confrontar a Yolanda inmediatamente y preguntarle acerca de esa carta, de las cartas que habíamos recibido acerca de artículos que no se habían recibido y también acerca de los cartapacios vacíos. Todos esos detalles eran indicios de que esa persona no estaba siendo honesta con nosotros ni con Selena.

El jueves, 9 de marzo de 1994, Selena, Suzette y yo citamos a Saldívar en mi oficina para una reunión.

Le pregunté a Saldívar directamente—¿Quién es Yvonne?

Saldívar contestó—No sé. Yo no conozco a ninguna Yvonne.

Insistiendo, le presioné—¿Quieres decirme que ustedes le dan a una persona que no conoces $3,000 dólares en efectivo para depositar en la cuenta de banco del club de fans? ¿Y por qué está tu hermana girando cheques y escribiendo cartas cuando ella no es ni siquiera miembro del club de fans? Se supone que la tesorera debe hacer eso.

Yolanda enmudeció. No contestó.

Selena estaba furiosa y profundamente herida. Se sentía traicionada. Suzette estaba muy enojada. Las dos habían puesto su confianza en esta mujer. Terminamos la reunión y mis dos hijas estaban muy enojadas con Yolanda. Al salir del edificio pensé en cuánto quería que esta persona desapareciera de nuestras vidas y mantenerla lo más alejada de mi familia como fuera posible. Pensé que si le decía que iba a dar la información a la policía ella se iría de Corpus Christi y regresaría a San Antonio.

Yo no sabía que estaba tratando con una persona con una mente llena de maldad, pues creo que estaba llena de odio, celos y furia. Le dije—Mañana voy a llamar a la policía para que investiguen esto. Ella debió de haber visto derrumbarse las paredes del engaño que ella había construido alrededor del club de fans y de las tiendas.

Antes de venir a trabajar para nosotros, Yolanda vivía una vida un tanto aburrida, una vida en la cual muy tarde descubrimos que también tuvo conflictos con otro empleador por dinero faltante. El trabajar con Selena le dio un pasaporte a una vida emocionante que incluía viajes, estatus de VIP y ser parte de nuestra familia. Saldívar sabía que su pared de engaño se estaba derrumbando.

Y ella se dio cuenta que fui yo quien asestó el primer golpe fuerte para derribar esa pared.

Se dice que un demonio puede tomar posesión de una persona a través de tres oportunidades: cuando una persona toma alcohol, cuando una persona usa drogas o cuando una persona tiene un ataque de furia. Creo que eso fue lo que le pasó a Saldívar. Cuando escuchó las palabras "Voy a llamar a la policía para que investiguen esto" encendió un odio profundo que llevaba escondido. Sucedió un cambio radical debido al descubrimiento de su engaño que resultó en una explosión de enojo y rabia tan oscura, que si los demonios existen en este mundo, corrieron a encontrarla entrando a su mente y despertando la otra personalidad que Saldívar poseía—una personalidad que gritaba desde el fondo de su alma oscura—¿Oh, sí? ¿Le vas a llamar a la policía? ¿Vas a tratar de destruir lo que he creado, la vida que tengo ahora? Pues bien, entonces me vas a conocer de verdad. Te voy a hacer mucho daño.

Esa es una mentalidad criminal. Una mentalidad criminal diabólica.

El enfrentamiento empeora

A las siete de la mañana del día después de que confrontamos a Saldívar en mi oficina, el viernes 10 de marzo, mi hermano Eddie llamó a la casa. Él y su esposa Dolores estaban viviendo en el departamento arriba de las oficinas de Q Productions. Nuestra oficina de producción incluía los estudios de grabación, mi oficina, nuestro almacén de mercancía y la oficina de Selena.

Eddie dijo que Yolanda y otra empleada, una estilista, estaban en la antesala de Q Productions. Mi hermano dijo—Abraham, Yolanda está aquí y quiere entrar a la oficina de Selena. Parece que ha estado llorando. Contesté a mi hermano—Mantenla allí. ¡No dejes que se vaya a ningún lado! Me subí a mi carro y apresuradamente llegué a la oficina.

Entré y con mucha tranquilidad le dije—Yolanda, tienes treinta segundos para alejarte de mi propiedad. Tú no eres bienvenida aquí. Ella no tuvo objeción y salió furiosa acompañada de la otra empleada. Más tarde supimos que la estilista estaba en complicidad con Saldívar. También descubrimos que Saldívar había usado la tarjeta corporativa de Selena para dar el enganche para un carro para esa empleada. No sé si la estilista sabía que Saldívar estaba robando de las boutiques, pero ciertamente se estaba beneficiando de lo que Saldívar estaba robando.

Lo que no sabía en ese momento es que Selena ya había despedido a Saldívar. Después de la reunión de la noche anterior, Yolanda llamó a Selena a la medianoche, tratando de justificarse acerca de algunas de las acusaciones. Selena debió de haber sabido a ese punto que habíamos atrapado a Saldívar en muchas mentiras, por lo cual la despidió, diciéndole —Lo siento mucho. No puedo confiar en ti. Ya no puedes trabajar para mí.

Después de que la sacamos de nuestras oficinas de producción esa mañana, Saldívar manejó a San Antonio. Su plan maldito ya había tomado forma, igual como un monstruo de muchas cabezas y preparándose para atacar. El sábado 11 de marzo, Saldívar fue a una tienda de armas llamada "Un lugar para disparar" (*A Place to Shoot*). Le dijo al dueño de la tienda de armas que era una enfermera que estaba al cuidado de pacientes con enfermedades terminales y que algunos miembros de la familia de los pacientes habían estado amenazándola. Necesitaba una pistola para protegerse. Llenó la forma de "Intención de Compra" y dio un anticipo de $100 dólares para una pistola de mano.

El siguiente día, domingo 12 de marzo, Selena y el grupo volaron a Miami para presentarse en el Festival de la Calle Ocho. El lunes, Selena, Suzette, Chris, A.B. y la banda volaron de regreso a Corpus. Suzette y Selena hablaron durante el vuelo acerca de todo lo que estaba pasando. Selena estaba muy preocupada acerca de lo que iba a hacer. Debido a que le había dado toda su confianza, Selena había dado a Yolanda control total sobre el negocio. Yolanda era la única que tenía todos los documentos de contabilidad y los reportes del banco. El tiempo para los reportes de impuestos se estaba acercando y Selena necesitaba toda la documentación financiera para someter el reporte de impuestos de su negocio. Selena también estaba a punto de abrir una tercera boutique *Selena, Etc.* en Monterrey, Nuevo León. Saldívar había hecho arreglos para abrir la tercera tienda en México. Selena compartió con Suzette que no sabía dónde estaba el contrato de la renta del edificio en Monterrey, ni en qué banco de Monterrey Saldívar había abierto la cuenta para *Selena, Etc.* de México. Saldívar también había contactado a una compañía local de Monterrey para la fabricación de los diseños de ropa. Solamente Saldívar tenía toda esa importante información.

Mis hijas discutieron todas las posibilidades y decidieron que Selena le diría a Saldívar que se podía quedar como empleada, pero Selena solo la contrataría el tiempo suficiente para obtener la información que necesitaba.

Por supuesto, Saldívar no estaba al tanto de ese plan. Ese mismo día, furiosa, amargada y llena de odio, Saldívar regresó a la tienda de armas en San Antonio y pagó el balance que quedaba para recoger el arma. Ahora ya tenía la pistola. Manejó de regreso a Corpus Christi y, una vez más, usando la tarjeta corporativa de Selena, pagó por un cuarto en el hotel Sand and Sea.

Saldívar estaba furiosa y dispuesta a vengarse contra Selena por haberla despedido, y contra mí por haber descubierto sus actividades clandestinas. Fueron las mismas acciones de Saldívar las que causaron el tsunami de eventos debido la seriedad de los abusos en el club de fans y contra los fondos financieros de *Selena, Etc.*

Saldívar no era muy hábil para esconder sus nefastas actividades. Una vez que abrimos la Caja de Pandora llena de pecado y mala fe, encontramos un cheque que se había girado a sí misma. Ella misma firmó los cheques y escribió su nombre en el espacio para notas. Lo más fácil de descubrir fue el uso de la tarjeta corporativa de Selena para dar el enganche en la compra del carro de la amiga estilista de Saldívar. Además, como señal de increíble y desvergonzada arrogancia, cuando los empleados de *Selena, Etc.* cooperaron para dar un regalo a Selena, Saldívar ofreció que ella podría comprar un "regalo muy especial" para Selena y se llevó el dinero de los empleados, se lo guardó, y uso la tarjeta corporativa de Selena para comprar el regalo. Mandó hacer un anillo con forma de huevo en la Joyería Randolph's, y la descarada se lo presentó a Selena. Para agregar insulto a los daños ya causados, Saldívar le dijo a Selena que el anillo era de amistad y que venía de parte de ella.

Las patrañas y las mentiras eran tan difíciles de creer. Era imposible de entender tanta maldad. La única explicación es que esas eran las acciones de una psicópata, una persona que no siente remordimiento y que solamente busca manipular a las personas y usarlas para beneficio propio.

El vil plan

Selena, siendo una persona confiada y cariñosa, ni siquiera se imaginaba lo que esta persona poseída por el demonio estaba planeando. Mi querida hija nunca se dio cuenta de la obscuridad que se acercaba. Yo, muy preocupado, le dije en esos momentos—Ten cuidado con esta mujer. Es muy peligrosa. Sin embargo, debido a que Selena siempre estuvo rodeada de personas que la amaban y la protegían, nunca se imaginó que esa mujer podría ser una despiadada asesina.

El martes, 14 de marzo, Yolanda se guarneció en el Motel Sand and Sea. Llamó a Selena en la casa y, mintiendo, le dijo—

Estoy en camino desde San Antonio, pero no quiero complicarme con el tráfico, así es que manejaré sin parar hasta llegar a Corpus Christi. Tengo todos los recibos y los documentos que necesitas para tu reporte de impuestos.

Saldívar le pidió que se encontraran en Five Points, un área de negocios a veinte millas de Corpus. Le sugirió que se reunieran en el estacionamiento de un restaurante. Tengo la sospecha que Saldívar planeaba disparar y matar a mi hija allí mismo.

Cuando se encontraron, Saldívar sí le entregó algunos de los documentos bancarios, pero no todos. Nadie sabe con seguridad lo que se dijo en esa reunión, pero creo que Selena debe haberle dicho—Mi familia y yo hablamos acerca de la situación y hemos decidido que te puedes quedar en *Selena, Etc.* Necesitamos hablar acerca de los arreglos que se han hecho en Monterrey. Cuando Saldívar escuchó eso, debe haberse tranquilizado.

Lo que sí sabemos es que, después de esa reunión, Saldívar manejó de regreso a San Antonio, y el miércoles 15 de marzo, fue a la tienda de armas y regresó la pistola que había comprado sólo unos días antes. Mintió a los empleados de la tienda diciéndoles que su padre le había comprado una pistola y, por lo tanto no necesitaba esa.

¡Qué telaraña tan complicada estaba tejiendo!

Fue justo en esos mismos días que Selena estaba grabando su primer álbum para entrar al mercado general americano, *Dreaming of You*, (Soñando en ti). El inglés era su lengua materna. Ella adoraba la música popular americana. La compañía de discos EMI había contratado a compositores profesionales para que escribieran canciones pop y enviaron las canciones a Selena y A.B. para que ellos seleccionaran para el álbum.

Selena y Chris viajaron a Nashville para grabar "*I Could Fall in Love*" (Podría enamorarme) con el compositor del tema, Keith Thomas, para el futuro álbum de cruce al mercado pop. Chris nos contó que mientras estaban en Nashville, Selena revisó detenidamente todos los recibos y documentos que Saldívar le había entregado y repentinamente estaba desconsolada—¿Por qué me hace esto? ¡No me dio lo que necesito para llenar mi reporte de impuestos! ¡Necesito los reportes mensuales del banco! ¿Y por qué se había llevado los recibos, en primer lugar?

Mientras estaba en Nashville grabando, Selena le llamó a Saldívar exigiéndole que le diera todos los recibos inmediatamente. Puede ser que Selena le haya dicho a Saldívar que se olvidara de regresar a trabajar a la compañía. Eso debe haber causado un gran pánico en Saldívar, porque regresó a la tienda de armas y compró la pistola que apenas había regresado. También compró una caja de veinte balas de punta vacía. El único objetivo de este tipo de balas es de causar el mayor daño posible al hacer impacto.

Selena y Chris estuvieron en Nashville por una semana o más, luego regresaron a casa. El 26 de marzo, Saldívar llamó a Selena y le dijo que estaba en Corpus Christi, quedándose en un hotel del centro. Le dijo que tenía todos los recibos y los reportes del banco y que se podrían reunir en el hotel para entregarle toda la documentación.

Selena quedó de acuerdo. Apenas había adoptado una nueva mascota, un perrito, así es que se lo llevó con ella.

Unas semanas después de la muerte de Selena, fui con el detective de la ciudad de Corpus Christi y quien estaba investigando el crimen. Allí descubrí nuevos detalles sobre la reunión. La gente encargada de la limpieza del hotel era en su mayor parte latinas jóvenes, y cuando se dieron cuenta que Selena estaba en el hotel, todas querían ir a verla. Selena estaba en el pasillo enfrente del cuarto de Saldívar cuando unas diez jóvenes llegaron y vieron a Selena con su cachorrito. Las chicas pidieron a Selena si se podían tomar fotos con ella y, por supuesto, ella accedió. Selena siempre dijo que sí a toda persona que pidiera tomarse una foto con ella.

Creo sinceramente que Saldívar había planeado matar a Selena allí mismo. Sin embargo su maldito plan fue destruido por las fans. No iba a dispararle con todas esas jóvenes de testigo. Selena no entró al cuarto. Saldívar le dio unos cuantos de los recibos y Selena se fue.

Nadie supo de Saldívar por los siguientes cuatro días. Le había dicho a Selena que iba a ir a Monterrey para conseguir la documentación que Selena necesitaba. Sin embargo, la evidencia contra ella seguía aumentando.

El martes, 29 de marzo, Selena tuvo una conversación con la estilista que había acompañado a Saldívar a Q Productions. Durante la fase de la investigación de la muerte de Selena, una empleada de confianza relató la conversación entre Selena y la estilista, en un declaración a la policía. Ella escuchó a Selena decirle a la estilista—Si sabes cualquier cosa de lo que hizo Yolanda, vale más que lo pienses rápido y bien rápido en lado de quién vas a estar, porque si Yolanda cae, tú vas a caer con ella. Esa empleada de confianza dijo al detective que Selena le confió que iba a despedir a Yolanda porque había estado desfalcando y que iba a contratar a un investigador privado para reunir más información acerca de Saldívar.

La estilista debió haber tomado muy en serio la advertencia de Selena. Es muy probable que a esa estilista se le hubieran hecho cargos de algún crimen o de ser cómplice. Pero esa estilista y otra empleada, una técnica manicurista, quien también era amiga de Saldívar, firmaron un acuerdo de oferta con el fiscal, declarándose culpables de un cargo menor, y tal vez ofreciendo algo de información sobre las acciones de Saldívar.

Como es bien sabido, los ladrones no conocen el honor.

Obsesión

Durante los días antes de la tragedia, Selena había pedido a su sobrina Debra que organizara documentación y archivos en su casa y en su oficina.

Debra me dijo en varias ocasiones que las acciones de Saldívar eran raras y hasta grotescas. En una ocasión mi sobrina fue al departamento de Saldívar en Corpus Christi para recoger unos documentos para Selena. Mientras Saldívar recogía los documentos, Debra echó un vistazo a la sala y, en sus propias palabras, dijo—Quedé asombrada de ver cientos de fotos de Selena regadas por todo el cuarto. Las fotos estaban esparcidas en las mesas, en las paredes, en los anaqueles. Había una foto recortada en cartón y de tamaño natural que se había usado en una promoción de Selena. Ver todas esas fotos así fue algo muy siniestro.

Mi sobrina dijo que cuando Saldívar regresó con los documentos, le dijo que todas esas fotos se miraban "como una capilla de adoración, me parece un tanto obsesivo." Pero Saldívar no le prestó atención al comentario.

Debra también relata que en un número de ocasiones, después de que Selena salía de la boutique, Yolanda, usando el teléfono de pared en la boutique, marcaba el teléfono de Selena y cuando Selena contestaba, le colgaba. Esto fue antes de que los celulares pudieran identificar el número de quien llamaba. Cuando Debra pregunto a Saldívar directamente—¿Porqué le llamas a Selena y le cuelgas? Saldívar no negó estar llamando a Selena, pero tampoco contestó la pregunta.

En esos días, Debra y Selena hablaban por teléfono para hacer planes de reunirse el siguiente día y organizar la oficina de Selena. Selena le compartió a Debra que Saldívar mostraba comportamiento raro, como –Vamos a vernos aquí, vamos a vernos allá. Ven a recoger los documentos y luego no tener esos documentos. Debra estaba preocupada y después me dijo— Todos sabíamos que Yolanda estaba mintiendo. No entendíamos porqué estaba apelando a la bondad de Selena, tratando de acaparar su atención y tratando de que Selena sintiera lástima por ella.

Esa noche, por teléfono, Debra advirtió a Selena—Ten cuidado. Ella no suena bien. Está usando todas estas excusas para conseguir que tú y ella estén solas. Por favor, ten cuidado con ella. No le tengo confianza. Hagas lo que hagas, no te reúnas con ella tú sola. Necesitas ir con alguien más todo el tiempo. Selena, siendo la bromista de siempre, soltó la carcajada y dijo— Oh, ¿Por qué? ¿Qué, tú crees que me va a matar? Debra dijo que nunca había compartido esto conmigo porque era algo desconcertante—Recuerdo ese incidente con mucha claridad. Esas palabras fueron escalofriantes para mí.

Planes para el futuro

El jueves, 30 de marzo, Selena fue a disfrutar de un almuerzo en Olive Garden con Marcella, Suzette y Debra. Suzette recuerda el almuerzo como una tarde divertida y con buena conversación. Suzette dijo a todas que iba a llevar a los dos niños de A.B. a la tienda de juguetes y les iba a decir que tomaran lo que quisieran. Dijo que Selena que generalmente era divertida respondió de una manera muy adulta y no estuvo de acuerdo con su hermana diciéndole—El darles todo lo que quieren los va a malacostumbrar y no van a aprender a valorar lo que reciben o lo que tienen. Suzette bromeó con ella, diciendo—¡Oh, qué madurez de tu parte!

Selena le recordó a su hermana que cuando eran pequeñas no tenían tantos juguetes, pero los que tenían los cuidaban y los valoraban. Agregó—Yo todavía tengo la muñeca que mamá y papá me dieron cuando yo era una niñita. Suzette bromeó acerca de que Selena ya había madurado mucho y todas se reían divertidas.

Luego Selena compartió con su mamá, su hermana y su prima, que ella y Chris habían decidido tener un bebé. Iba a ir a una cita con el doctor para que le quitara el dispositivo Norplant que le evitaba el embarazo. Todas estaban felices con tan buenas noticias. Selena agregó que Chris y ella querían llevarse a los niños de gira—¡Tal vez hasta tengamos un autobús sólo para ellos!

La desesperación invade

Esa misma noche, Chris y Selena estaban haciendo planes para cenar con el papá de Chris, quien los estaba visitando.

Selena iba a ir a la boutique para que le pintaran las uñas y luego regresaría a casa para hacer la cena. Mientras estaba en la boutique, Selena le llamó a Chris y le dijo que Saldívar le había llamado y le dijo que había ido a Monterrey para conseguir los documentos y que, cuando regresaba, se había perdido, y la violaron dos hombres, quienes además le robaron el carro que iba manejando. Le dijo, además que todos los documentos estaban en baúl del carro. Selena le dijo a Chris que no creía que la historia de Saldívar era verdadera.

Esa noche, Selena cocino la cena para Chris y su papá y luego, cerca de las 10:00 P.M., Saldívar contactó a Selena, esta vez diciéndole que había encontrado algunos de los documentos y reportes bancarios, los cuales ella misma había dicho que se habían quedado en el baúl del carro que le habían robado. Selena le dijo a Chris—Está en el Days Inn y encontró algunos de los documentos y los recibos. Necesito ir a recogerlos. Chris le dijo—Tú no vas a ir sola. Yo voy contigo. Chris llevó a Selena al Days Inn.

Chris camino con Selena hasta el cuarto en el cual se hospedaba Saldívar, el 158. Chris no entró, pero esperó en el pasillo. Saldívar lo miró. Es muy probable que Saldívar, quien tenía la pistola en su posesión, después de sentir rabia por haber sido despedida, de no haber sido capaz de darle a Selena buenas razones por los documentos perdidos y de darse cuenta que había perdido la confianza de Selena, estaba desesperada. Iba a usar esa pistola, pero el saber que Chris estaba afuera esperando a Selena, no tuvo el valor de hacer nada. La verdad es que esa mujer es una cobarde, una cobarde de mente diabólica.

Después de unos diez minutos, Selena salió con una bolsa de plástico con documentos bancarios. Le dijo a Chris—Algo raro está ocurriendo. Su ropa está toda rota y tiene heridas en sus brazos. Su piel está roja, como que se rasguñó ella misma. Y había unas marcas negras en su frente, como de aceite. Los rasguños se ven recientes, como que apenas se los había hecho.

(Durante el juicio, los empleados al frente del motel testificaron que las ropas con las que Saldívar llegó y se registró en el hotel; las mismas con las que Selena la vio esa noche, no estaban ni rotas ni sucias. No notaron ningunas marcas, heridas o rasguños en su persona. Además, no parecía que Saldívar tenían ninguna urgencia al registrarse para un cuarto.)

Selena y Chris regresaron a casa y Selena revisó los documentos. Sin embargo, de nuevo, descubrió que Saldívar no le había dado todo el papeleo necesario.

Como a la 1:30 suena el teléfono en casa de Selena y Chris, y es Saldívar. Esta vez le dice a Selena que está sangrando y que necesita ir al hospital. Chris dijo que Selena cubrió la bocina del teléfono y le preguntó—¿Qué hago? Está sangrando debido a la violación que sufrió en México y quiere que la lleve al hospital. Chris le dijo a Selena que le contestara que era muy tarde—Dile que vas por ella en la mañana.

Mi hija era una persona con mucha determinación. Selena no estaba convencida de lo que su padre le advirtió acerca de que Saldívar era una persona peligrosa y tampoco hizo caso de la advertencia de su prima de no ver a Saldívar a solas.

La siguiente mañana, el viernes 31 de marzo, como a las 9:00 A.M., Selena no despertó a Chris y salió de su casa, sola. Recogió a Saldívar y la llevó al Hospital Doctors Regional.

En el hospital, Selena dijo a la enfermera del cuarto de emergencia que ella no creía que Saldívar había sido violada. El relato era muy exagerado y continuaba cambiando. La enfermera compartió después que Selena se portaba con bondad hacia Saldívar, palmeando su hombro y su cabeza, asegurándose de que estuviera cómoda. También dijo la enfermera que Selena le dijo que estaba allí solamente para recoger los documentos que necesitaba de Saldívar para llenar su reporte de impuestos y además que "my papá sospecha que esta mujer ha estado desfalcando mi compañía."

Después del horrendo crimen, la enfermera fue entrevistada por la policía y, en su declaración, dijo que Selena había compartido con ella los detalles que Saldívar le había contado— Saldívar dijo que había manejado su carro de Monterrey a Corpus, que se había perdido, paró para pedir direcciones, y cuando regresó a su carro, adentro había dos hombres escondidos en el asiento de atrás. Selena conocía el carro de Saldívar. Era un compacto con ventanas claras. Dos hombres no hubiesen cabido en el asiento de atrás, escondidos. Ella los hubiera visto claramente. Saldívar dijo a Selena que dos hombres la "habían violado mientras manejaba." Luego la dejaron al lado de la carretera "con su maletín, dos teléfonos celulares y una cartera repleta de tarjetas de crédito." Luego, de alguna manera, Saldívar había llegado a McAllen, al otro lado de la frontera, y rentó un carro. Después, de acuerdo a la declaración de la enfermera, Selena le dijo que Saldívar no había llamado a su familia y que parecía que no quería contactarlos. Todo esto le parecía muy raro a Selena. Pero siendo la persona bondadosa y compasiva, si cualquier parte de la historia era verdadera, quería que Saldívar recibiera tratamiento.

El examen físico en el hospital terminó cuando Saldívar rechazo cualquier tratamiento.

Al final de esta obscura carretera

Nunca sabremos con certeza lo que ocurrió ese fatídico día en ese cuarto del motel. Mi querida hija menor está muerta y su asesina no quiere decir la verdad. Creo que Saldívar es una psicópata, capaz de saber la verdad pero incapaz de aceptarla. Su mente desquiciada se inventa una y otra mentira, la mayoría de las cuales no tienen sentido, pero todas fabricadas para beneficiarla. Ella es la cáscara de un ser sin empatía, alguien que no siente remordimiento por ninguna de sus acciones y quien no siente ni un indicio de culpabilidad por haber arrebatado la vida de otro ser humano.

Esta mujer sabe lo que hizo, pero, veinticinco años más tarde, no ha demostrado ningún remordimiento por el asesinato que cometió. Aún sigue culpando a alguien más. Esa falta de remordimiento en sí y las mentiras continuas, nos causan mucho dolor a mí y a mi familia.

Cómo me he arrepentido una y mil veces por haber contestado a sus llamadas. Me enferma el saber que fui yo quien sugirió que trabajara en las boutiques y que permití que este monstruo entrara en nuestro mundo. Tal vez no tenía un plan diabólico al principio. Tal vez los celos controlaron su mente. Tal vez fue ambición o el odio que había anidado en su mente enferma. Puede ser que cuando entró a la compañía no tenía un plan de maldad, pero con el tiempo, obviamente desarrolló su plan maldito.

Selena manejó de regreso al motel y la encaminó a su cuarto. En algún momento en el proceso, Selena debe haber dicho a Saldívar que ya no podía tenerla como empleada o como amiga. Selena probablemente se quitó el anillo de supuesta amistad, el de diseño de huevo Fabergé, y trató de regresárselo a Saldívar.

Fue entonces que Saldívar sacó la pistola.

Cuando Selena miró la pistola, el miedo se apoderó de ella, apretó el anillo en su mano y empezó a correr.

Saldívar le apuntó y le disparó una vez, en la espalda.

Al usar las balas de punta vacía, una bala que se expande al hacer impacto, la bala destruyó la arteria principal que lleva la sangre del corazón al cerebro. Al correr, su corazón pompeaba la sangre, pero al haber perdido la conexión con el cerebro, se había perdido la conexión para mantenerla con vida. Selena llegó hasta la recepción del hotel, se desplomó y susurró las palabras—Yolanda. Cuarto 158.

Nuestra querida hija, mi pequeñita Selena, estaba muriéndose en el suelo de la recepción del motel.

Mis padres, Abraham y María Quintanilla.

Yo tenía 6 años en esta foto, con mi abuela Conchita, mi hermana mayor Gloria y mi hermano menor, Eddie.

Con mi padre Abraham Quintanilla Sr, y mi hijo, Abraham Quintanilla III en mis brazos.

A la edad de 21 años fui reclutado en el Ejército de los Estados Unidos.

Con la juventud de los 18 añ

Los Dinos
(De izquierda a derecha,
Seferino "Sef", Bobby y Abraham).

De gira con el grupo musical.

LOS DINOS

Una de nuestras fotos promocionales.

Los Dinos

En una de nuestras presentaciones.

LOS DINOS

ABRAHAM   "SEFF"   BOBBY

El inicio de Los Di

Cuando vi a Marcella por primera vez, supe que iba a ser mi esposa. Lo sabía dentro de mi ser y dentro de mi corazón.

Nos casamos el 8 de junio de 1963, en casa de mis suegros.

A.B. III

SELENA

SUZETTE

A.B. III

SUZETTE SELENA A.B. III SU

SELENA

Selena en los estudios Sugar Hill de Houston, Texas, en 1979.

El inicio de Selena y Los Dinos

Nuestra primera presentación. ▶

Selena a los 6 años. ▶

CAPÍTULO OCHO

La muerte de Selena

Durante la investigación de la policía y en el juicio, un número de testigos, todos empleados del hotel, dijeron que Saldívar siguió a Selena por unos cuantos metros, luego paró y miró cómo Selena doblaba la esquina. Una testigo dijo que miró a Saldívar, pistola en mano, levantar el brazo como si fuera a disparar otra vez.

Los testigos han dicho que Saldívar regresó tranquilamente a su cuarto, envolvió la pistola en una toalla y se encaminó hacia el estacionamiento. Se subió a la camioneta que le habían prestado, manejó alrededor del hotel hacia la parte posterior y estaba a punto de salir. Una patrulla de la policía estaba cerca y había recibido la llamada de disparos en el motel y que la atacante iba en una camioneta. Respondieron inmediatamente y, al ver que una camioneta intentaba salir del estacionamiento, le bloquearon la salida. Saldívar luego se estacionó en un espacio.

Yo creo que, si la policía no la hubiese detenido, Saldívar hubiera ido a buscarme. Nuestra oficina está a dos cuadras del motel. Tenía aún la pistola, con cinco balas en el cargador. Iba a matarme también. Creo que era su intención, 100 por ciento.

Un equipo de respuesta de emergencia estaba cerca del motel, cuando recibieron la llamada acerca de la balacera y llegaron dentro de dos minutos. Colocaron a Selena en la ambulancia, hicieron todo lo posible por detener la hemorragia mientras se dirigían al hospital. Fue entonces que la mano de Selena se abrió y ese anillo, el de forma de huevo que Saldívar le regaló con mentiras y el cual Selena probablemente trató de regresarle, cayó en el piso de la ambulancia.

La enfermera, quien menos de una hora antes había consultado con Selena acerca de la supuesta violación de Saldívar, escuchó a través del sistema de radio de emergencias que Selena estaba siendo transportada a Memorial Medical Center. Llamó al hospital, pero no le dieron información. Cuando la policía entrevistó a la enfermera, dijo que había dado de alta a Saldívar a las 11:10 A.M. y que cuando supo que le habían disparado a Selena, de alguna manera sabía que fue Saldívar quien lo había hecho. La enfermera le dijo al detective—Selena no expresó miedo de la paciente. Fue muy agradable y cortés todo el tiempo que estuvo con nosotros. Me pareció una joven damita con modales muy refinados, y muy agradable con todos, para alguien con su estatus. Selena mostró afecto y compasión hacia la paciente y nunca mencionó preocupación acerca de la validez de la historia de la paciente enfrente de ella. [Departamento de Policía de Corpus Christi, Reporte 04//06/95]

Esa mañana

Selena tenía una cita para grabar en el estudio de la oficina de producción a las 10:00 A.M. A.B. y yo la estábamos esperando. No nos preocupó que no llegara a tiempo, pues Selena siempre llegaba tarde.

A eso de las 10:45 le llamé a Chris, y le pregunté si Selena había salido ya de su casa. Chris dijo que sí y me dijo que la contactaría y me dejaría saber cuáles eran sus planes. A.B. y yo decidimos salir al almuerzo. Chris llamó diciendo que Selena le llamó justo después de las 11:00. Estaba conduciendo su camioneta, pero no le dijo con quién estaba ni a dónde iba.

Justo antes del mediodía, A.B. y yo regresamos a la oficina. Dolores, mi cuñada y nuestra recepcionista gritó angustiada—¡Selena está en la sala de emergencias en el Hospital Memorial! A Selena le gustaba manejar a gran velocidad, por lo cual pensé que había chocado. A.B. y yo salimos directo al hospital, y entramos por una calle adyacente atrás del hospital, donde se estacionan las ambulancias.

Me sorprendió ver a una multitud de unas 150 personas enfrente de la entrada a la sala de emergencias. Me tomó unos segundos para percatarme de que esas personas estaban allí por Selena. ¿Cómo supieron ellos que Selena estaba en ese hospital? Hasta el día de hoy, no tengo idea de cómo se dieron cuenta. Tal vez es cierto que las malas noticias se saben más rápido. Chris también me dijo que recibió llamadas dentro de la misma hora diciéndole que habían balaceado a Selena. Una de las llamadas fue de un oficial bancario que trabajaba con él y con Selena. La otra llamada fue de un amigo que vivía a 150 millas de retirado. Chris no les creyó a ninguno de los dos, pues siempre había rumores acerca de Selena. No fue hasta que Chris llamó a la oficina de producción y Dolores le dijo que Selena estaba en el Hospital Memorial que se dio cuenta de que algo sumamente grave había sucedido.

A.B. y yo entramos por el pasillo que va hacia la sala de emergencias y, allí mismo, un oficial de la policía corre y me alcanza, diciendo—¡Acaban de matar a tu hija! Justo así. Obviamente ese oficial no estaba en posición de decirme nada, especialmente en ese pasillo y no enfrente de todos.

No podía creer lo que mis oídos escuchaban. No podía ser verdad. Corrimos hasta la sala de espera de la sala de emergencias y notamos que había tres o cuatro cámaras de televisión allí. Luego un doctor se me acercó y, frente a todos los presentes, enfrente de los reporteros y las cámaras de televisión me dijo—Sr. Quintanilla, lo siento mucho. No logró salvarse. Yo sabía quién era ella. Traté de hacer todo lo que estaba en mis manos. Le di sangre. Cuando el doctor dijo eso, yo le contesté—Ella no quería sangre.

Selena no era una Testigo de Jehová activa, como Marcella y yo somos, pero ella creía lo que la Biblia dice acerca de la sangre: que la sangre representa la vida y es sagrada ante Dios. Después de que se ha extraído de una persona debe desecharse.

El doctor continuó, enumerando que abrió el pecho de Selena y le masajeó el corazón para ver si podía hacerlo palpitar de nuevo, pero fue un esfuerzo inútil. Sin la arteria que conectaba, la sangre que él le había dado, junto con la misma sangre de

Selena, sólo se almacenaba en su cuerpo. ¡Todo esto me lo dijo allí mismo, en la sala de espera de emergencias, enfrente de todos!

Mis palabras han sido retorcidas y mis intenciones difamadas, hasta el punto de que algunas personas digan que mi hija murió porque yo no permití que los doctores le hicieran una trasfusión de sangre. La realidad es que el doctor ya le había dado sangre antes de hablar conmigo. La verdad es que, con o sin sangre, Selena no podía haber sobrevivido el horrendo daño físico causado por los disparos de la pistola de Saldívar y por las acciones de esa mujer maldita. Uno de los disparos destruyó la arteria principal, la línea vital entre el corazón de mi hija y el resto de su cuerpo. El doctor había seguido el protocolo de procedimientos para una víctima de heridas de bala, el cual incluye abrir el pecho, masajear el corazón y dar una trasfusión de sangre.

El doctor dijo que durante el procedimiento ellos no sabían cuán severo era el daño causado por la bala hasta que lo descubrieron. El doctor enfatizó que cuando Selena llegó al hospital ya tenía muerte cerebral. Fue un disparo fatal. Un disparo del que nadie hubiera sobrevivido.

Entre todo mi dolor, me percaté de que todos, los admiradores, el oficial de policía y los reporteros, estaban todos angustiados, en shock de saber que Selena había sido balaceada y asesinada. Lo que debió haber sido un momento muy privado se había convertido en un evento para los medios. Eso lo puedo perdonar. Lo que no puedo perdonar es que, después de veinticinco años, todavía hay gente que se creen la mentira que mi hija murió porque yo no permití que se le hiciera una trasfusión. Las acusaciones de que Selena murió debido a mis creencias religiosas son erradas e hirientes.

Otro hecho confirmado por el reporte de la autopsia es que cuando Selena fue asesinada no estaba embarazada. Encontré la nota con la cita que había pautado con su doctor para que le quitara el dispositivo anticonceptivo. La cita era para la siguiente semana.

Decir que me quede estupefacto cuando el doctor balbuceó las palabras—No logró sobrevivir—sería minimizar lo que yo sentía en esos momentos. Sólo aquellos que han experimentado la pérdida súbita de un ser querido, especialmente un niño o una niña, entenderán la profundidad del shock que se siente. Sólo entonces se puede entender el desconcierto, la incredulidad y el inmenso dolor.

Sólo aquellos que han experimentado este shock pueden entender que, a través de las conexiones complejas de nuestro cuerpo, se nos da una pausa a través del bloqueo completo de la memoria. Hay algunas partes de ese día, momentos, minutos, hasta horas, que no recuerdo y que absolutamente no puedo recordar. Sin embargo, veinticinco años más tarde puedo estar haciendo algo y, de repente, mi corazón se llena de dolor. Es un golpe a mi alma. Todo regresa como un río bravo y llena por completo mi mente.

Lo que recuerdo es que todo era un gran caos. A.B. estaba conmigo, luego alguien llevó a Marcella al hospital. Suzette llegó sola. Estábamos todos juntos cuando el doctor habló conmigo. Para entonces ya estábamos en un cuarto de espera privado, cuando llegó Chris. Aún puedo ver su rostro desconcertado e incrédulo cuando le dije—Selena murió.

Después de eso nos llevaron a un cuarto donde había aún más medios de la prensa y más cámaras de televisión. No recuerdo ese momento muy bien, pero vi un segmento por internet en el cual digo—Mi hija fue asesinada esta mañana por una empleada descontenta—mientras lloraba.

Selena era una persona maravillosa. El haberla perdido en ese acto violento y maldito era inconcebible.

Incredulidad. Dolor. Angustia. Caos.

Verdaderamente no existen las palabras para describir lo que estábamos sintiendo. Todos habíamos experimentado la enorme, monumental pérdida de nuestra querida hija, hermana, esposa. Emocionalmente, algunos días mi esposa siente como si hubieran asesinado a Selena esta misma mañana.

Selena murió cerca de dos minutos después de las doce del mediodía. Para las 2:00 P.M. estábamos saliendo del hospital. Todos estábamos llorando. Todos estábamos en estado de shock. Vagamente recuerdo que todos fuimos a Q Productions, donde nos esperaban miembros de la familia y amistades cercanas. Compartimos nuestro dolor. Nos abrazamos y lloramos. Todos seguíamos sin poder asimilar lo que había sucedido. Más tarde esa noche llegó un equipo de televisión de la ciudad de San Antonio. No recuerdo haber dado esa entrevista, pero he visto el video de las noticias de nuestra familia y nuestros amigos, todos en el estudio de grabación, escuchando, algunos por primera vez, la grabación de Selena, *Dreaming of You*.

No recuerdo cuánto tiempo estuvimos allí, pero eventualmente cerramos las oficinas y nos fuimos a casa. Instintivamente, todos sabíamos que esta tragedia fue causada por Saldívar. Nadie tenía que decirnos. Los equipos de noticias locales estaban cubriendo todo lo que pasaba ese día. El reto de nueve horas entre la policía y Saldívar en el motel se televisó en vivo. Ninguno de nosotros fue al motel. Escuchamos que Saldívar amenazaba con suicidarse. Muy dentro de mí, pensé, "Si vas a matarte, hazlo. Tú no te tomaste el tiempo para decirles a todos lo que ibas a hacer cuando mataste a Selena."

El asesinato de Selena era el encabezado de las noticias locales y nacionales por varios días. Mi familia no siguió la cobertura de la noticia. Yo tampoco. Aún así, fue imposible evitar la noticia, pues estaba por todos lados.

Ese fue el día más obscuro de nuestras vidas. El día más doloroso. El día en que nuestro mundo se derrumbó. Decir que nuestros corazones estaban destrozados sería minimizar nuestro pesar. Era un desastre devastador que nuestras mentes no podían asimilar, una pena indescriptible.

Mi mente se ha quedado en blanco acerca de las siguientes dos semanas. Nuestra familia se quedó en casa. No reunimos para compartir nuestra gran pena A.B. y su esposa, Suzette y su esposo Bill, y Chris. Mis hermanos pasaron a confortarnos. Hacer cualquier cosa, hasta respirar, era un reto. Mi única preocupación en esos momentos era de consolar a mi querida esposa.

Pero teníamos que aceptar la realidad.

Un tributo memorial de flores, fotos y notas fue creado por los fans enfrente de nuestra casa. Nos contaron de los grandes números de personas que estaban llegando a Corpus desde otras ciudades. La autopista estaba congestionada con todos los carros con las luces encendidas en honor a Selena. En toda la ciudad podías ver que los faros de todos los autos estaban encendidos en pleno día. Recibimos reportes de personas que llegaban a Q Productions, se estacionaban, y permanecían allí por buen rato.

La conexión que nuestra hija tenía con la gente era increíble. Normalmente se pauta día y hora cuando la gente pueda ver a la persona que ha muerto y pagar sus últimos respetos en una funeraria, pero debido a que había tantos fans y tantos amigos que querían dar su último adiós a Selena, decidimos tener el evento en el Centro de Convenciones Bayfront Plaza.

Más de 100,000 personas asistieron para honrar a Selena. Miles firmaron el libro de condolencias. Una larga fila de fans, jóvenes y viejos, pasaron a ver a Selena en el ataúd, algunos dejando flores, otros dejando notas, todos llorando.

El ataúd estaba cerrado hasta que me acosaron e hice una mala decisión. Había una mujer entre el gentío, una doliente. quien empezó a gritar—¡Es una farsa! ¡Ella no está muerta! ¡Ellos sólo quieren atención!

Era una acusación ridícula, pero sentí que debía hacer algo por los fans. Fue una mala decisión de mi parte, pero di permiso para que abrieran el ataúd. A pesar de que pedimos no se tomaran fotografías, algunas personas tomaron fotos de Selena en su ataúd y las propagaron por internet. Hasta el día de hoy esas tristes fotografías aparecen en los medios sociales. Esto causa un gran dolor a mi esposa.

Al siguiente día había tanta gente en el cementerio que los directores del cementerio me dijeron que no podían dejar que entrara toda la gente. Les dije que una vez que entrara mi familia, que ellos decidieran y que comunicaran a sus empleados que permitieran la entrada a cuanta gente ellos creyeran prudente.

Un Superintendente de los Testigos de Jehová, Sam Wax, una persona muy respetada y de mucho conocimiento, dio el encomio ante la tumba donde Selena sería enterrada. Durante sus palabras había helicópteros de las noticias sobrevolando. Con las hélices de todos esos helicópteros navajeando el aire, casi no se escuchaban las palabras de consuelo del Sr. Wax. Me irritó mucho el casi no poderle escuchar, aún cuando estaba tan cerca de él. Fue entonces que hice un comentario que escuchó algún reportero. Dije—¡Cómo me gustaría tener una bazuka! Creo que los reporteros también estaban molestos por tanto ruido. No se me criticó por ese comentario, pero en unos cuantos días sí me criticaron y me calumniaron, basándose en las muchas mentiras y acusaciones que la asesina vomitaría.

Déjenme decirles, éste es un mundo medio loco.

Sí escuché y llegaron a mi corazón las palabras del Anciano Wax, incluyendo aquellas que se referían a cuando Jesús levantó de entre los muertos al hijo único de una viuda—*No se asombren de esto, porque viene la hora en que todos los que están en los sepulcros escucharán su voz y saldrán de allí*—y continuó diciendo—*El Apóstol Juan recibió esta visión desde los cielos y de Cristo, y él habló también acerca de este período de tiempo en el cual podemos esperar con anhelo cuando aquellos que se han quedado a dormir en la muerte, regresarían*—Concluyó con—*Otra clave es la esperanza. Cuando la muerte te arrebata a un ser querido, la esperanza puede hacer un mundo de diferencia para los sobrevivientes. En 1 Tesalonicenses, la Biblia establece que, mientras los cristianos ciertamente sienten pesar debido a la muerte, hay una diferencia. Ellos tienen un conocimiento exacto acerca de la condición de los muertos, que ellos simplemente están dormidos y ya no existen. Para poder vivir de nuevo, se les debe de regresar la vida en lo que se conoce como la Resurrección o el*

Levantarse de entre los muertos. Este conocimiento nos da esperanza y esa esperanza, a su vez, gradualmente suaviza la pesadumbre. Los ayuda a aguantar, y más. Con el tiempo, igual que una flor después de la tormenta, pueden erguir sus cabezas y salir de la pesadumbre y encontrar la alegría y la plenitud de la vida una vez más.

Esta fue la carretera más obscura. Los momentos más obscuros en la vida de mi familia. Ahora que repaso todo lo que pasó, hay muchos espacios vacíos en mi mente. Una pérdida de memoria bastante grande. Ciertas cosas que se borraron de mi mente. Tal vez eso sea una bendición.

Eventualmente te das cuenta de que no hay nada que puedas hacer ante esa situación llamada la muerte. Aceptas la realidad y tratas de sanar. Nuestra manera de sanar fue el estudiar la Biblia y aprender más acerca de nuestro Dios. Aprender más acerca de la condición de una persona muerta. Hay tantas historias conflictivas acerca de la muerte. La gente tiene diferentes ideas acerca de lo que es la muerte. Sin embargo, la respuesta esta allí, en la Biblia. Pero muchas veces, la gente no consulta la Biblia y, aun cuando lo hacen, a menos que la estudien, no la entienden.

La Biblia, nuestra familia, nuestra comunidad en la iglesia y el amor de los fans de Selena, todo eso nos dio consuelo. Todo eso nos dio esperanza y fuerza, pero no nos quitó el gran dolor.

CAPÍTULO NUEVE

El juicio en la Corté Texas contra Saldivar

Alguien dijo alguna vez—Los muertos no pueden pedir justicia; depende de los vivos el pedir justicia en su nombre. Con su voz, mi hija trajo felicidad infinita y alegría a millones de personas. Ahora que la habían silenciado, yo sería su voz.

Justicia para Selena. No venganza. No era ojo por ojo. Tampoco era algún tipo de contraataque. Ni siquiera era una búsqueda de castigo, pues el castigo queda a decisión de Dios. Sin embargo, nosotros los seres humanos mortales esperamos que cuando se comete un agravio, se hará justicia. Lo que mi familia y yo queríamos era sencillo: que la persona que había asesinado a nuestra hija a sangre fría enfrentara a la justicia. También prometimos proteger y honrar el buen nombre y el recuerdo de Selena cada día de nuestras vidas.

Siete meses después de que Selena fue asesinada, nuestra familia salió rumbo a Houston para testificar en el juicio de la entonces asesina acusada: El Estado contra Yolanda Saldívar. Lo que fuera a suceder con Saldívar mientras continuara en esta tierra estaba ahora en manos de doce personas, el jurado.

La Oficina del Abogado del Distrito supervisa la prosecución del estado en un área de tres condados, incluyendo el Condado Nueces y la Ciudad de Corpus Christi. En esos días, un abogado joven y muy inteligente, Carlos Valdez, era el Abogado del Distrito, electo por la gente de Corpus Christi para representar el interés público en la corte. Su trabajo era el investigar crímenes y representar a la gente contra el o la acusada en la sala de juicios.

Una vez que Saldívar fue arrestada, Valdez se dedicó a cumplir con su trabajo de Abogado de Distrito.

Desde entonces hasta hoy, el Sr. Valdez ha escrito un libro que documenta paso a paso como funcionaron su oficina y su equipo diariamente, y que se titula *Justice For Selena, The State vs Yolanda Saldívar* (Justicia para Selena, El Estado contra Yolanda Saldívar). Personalmente aprecio mucho su trabajo durante el juicio y su libro, el cual me ayudó a entender el proceso complejo de un juicio por asesinato. Aprendí que, aún con una confesión firmada, un asesino puede ser puesto en libertad. Cada paso del proceso debe ser calculado, discutido y examinado desde todos los ángulos antes de que empiece el juicio. Les recomiendo mucho ese libro. Hubo muchas vueltas y desvíos, regresos, tácticas y sorpresas legales que muestran la enorme responsabilidad que el Sr. Valdez, y cada abogado, tenía al representar a sus clientes, que en este caso eran la buena gente de Corpus Christi y Selena.

Hubo algunas personas que pensaban que Saldívar tenía una buena probabilidad de salir de la sala de juicios como una persona libre, especialmente cuando la corte le asignó a un abogado muy bien conocido y respetado, Douglas Tinker. Él es un abogado de la vieja escuela. Tenía una inmensa barba blanca y a veces usaba tirantes. Douglas Tinker no dejó ningún detalle sin examinar en su esfuerzo de no permitir que su representada, Saldívar, fuera a prisión. A pesar de todos sus esfuerzos, Saldívar fue encontrada culpable de asesinato en primer grado y sentenciada a treinta años de prisión. Va a ser elegible para libertad condicional en el año 2025.

La historia que comparto enseguida en este libro es un vistazo "entre bastidores" de lo que yo recuerdo, las conversaciones y las trascripciones de la corte, incluyendo la declaración de apertura del Sr. Tinker que, a decir verdad, me dejó totalmente sorprendido.

Abren las puertas de la Sala de Juicios

Cuando Marcella, A.B., Suzette, Chris Pérez y yo cruzamos el umbral de las puertas de la sala de juicios en Houston, escuché a gente en esa sala revestida de madera oscura hablando y cuchicheando, pero no los miré. En ese momento tenía visión de túnel. Sólo podía verme a mí mismo y a mi familia, con nuestros corazones destrozados y entrando a esta cámara oscura y fría. ¿Qué estábamos haciendo allí? ¿Cómo fue que todas las carreteras en que viajamos nos llevaron hasta ese lugar? Todas las bodas, las fiestas en los patios, las ferias de los pueblos, los salones de baile, los jaripeos, y los grandes conciertos, llenos de fans que solamente querían ser parte de unos cuantos momentos felices con Selena y Los Dinos. ¿Qué sucedió tan horriblemente errado que nos causó esta espantosa desviación de una carretera llena de alegría a ésta, saturada de dolor?

Tomamos nuestros asientos en la fila de enfrente, detrás del Sr. Valdez y su equipo legal, los abogados Mark Skurka y Elissa Sterling. Ahora estaba sentado con mi esposa y mis hijos en un lugar donde nunca me imaginé estar. ¿Cómo fue que el sueño que yo tenía para mi familia, ese sueño que alimenté día a día, con el que batallé, y el cual por fin habíamos logrado, se convirtiera en una pesadilla que nos llevó allí, sentados en una sala de juicios, a punto de ser llamados como testigos en el juicio por el asesinato de mi querida hija?

El Sr. Valdez ya había compartido con nosotros que los robos cometidos por Saldívar no serían parte del juicio. Los detectives de Corpus Christi que investigaron el fraude y la malversación cometidos por Saldívar dijeron que tenían pruebas contundentes de que ella se había robado muchos miles de dólares. Sin embargo, el Sr. Valdez opinó que, si se incluían los cargos de fraude y malversación de fondos, el juicio se podría alargar cuando menos a seis meses. Él estaba seguro de que su equipo había reunido suficientes pruebas de que este era un "simple caso de asesinato." Y no llegó a esa conclusión sin considerar todas las alternativas. Yo creía en él y decidimos proceder con un solo cargo: asesinato en primer grado.

El juez para el caso, el Juez Estatal de Distrito Mike Westergren, pidió orden en la corte y dijo al jurado—Ustedes son los jueces de los hechos en este caso. Mi trabajo es decidir lo que concierne a la ley. Enseguida entregó al jurado un número de instrucciones, incluyendo que no podían socializar ni hablar con los abogados o con ninguna otra persona que pudiese estar conectada con el caso—No discutan este caso o ni siquiera lo mencionen a cualquier persona bajo ninguna circunstancia, incluyendo con sus esposos o esposas, ni permitan que nadie lo mencione de manera que ustedes puedan escuchar, hasta que se les de alta como jurado, y que se les despida de este caso. [Trascripción de la corte, página 841]

Luego preguntó si la defensa y el Estado estaban listos, y que el Estado leyera los cargos como se dieron por el Jurado de Acusación. El Sr. Skurka leyó los cargos—El Estado de Texas contra Yolanda Saldívar. El cargo es asesinato. En nombre de, y por la autoridad del Jurado de Acusación debidamente organizado del Condado de Harris, Texas, presenta en la Corte de Distrito del Condado de Harris, Texas que Yolanda Saldívar, acusada, en o cerca del 31 de marzo del 1995, hizo entonces y allí, intencionalmente y a sabiendas, causó la muerte de una persona, Selena Quintanilla Pérez, al dispararle a Selena Quintanilla Pérez con un arma de fuego. [Trascripción de la corte, página 844-845]

El Sr. Skurka concluyó que—con la intención de causar serio daño corporal a una persona, Selena Quintanilla Pérez, con un arma de fuego, que este acto era claramente peligroso para la vida humana, y que este acto causó la muerte de Selena Quintanilla Pérez, contra la paz y la dignidad del Estado. [Trascripción de la corte, página 845]

El Sr. Valdez, en su libro, recuerda después que se leyó la acusación—El juez le preguntó a Saldívar, que estaba de pie junto a Tinker y frente al jurado, cómo se declaraba ante la acusación. Saldívar, con una voz fuerte clara y, en mi opinión, desafiante, dijo—No culpable. [*Justice For Selena*, p. 186]

El Sr. Valdez nos había alertado de que ella se declararía no culpable. Lo sabíamos, pero cuando la persona que todo mundo sabe que asesinó a tu niña dice esas palabras, lo digo con certeza, me hirió profundamente.

El Abogado de Distrito, Sr. Valdez, presentó su declaración de apertura diciendo al jurado de doce hombres y mujeres que el se encargaría de probar que—el 31 de marzo de este año, la evidencia mostrará en este caso, que Selena Quintanilla Pérez fue asesinada de manera irracional y cobarde en un acto de violencia. Ella fue asesinada en Corpus Christi, Texas, en un cuarto de un hotel en ese día alrededor del mediodía. Y la autora de ese acto, la persona que asesinó a Selena Quintanilla Pérez, está sentada en esta sala de juicios el día de hoy. Esa mujer (apuntando a Saldívar) vestida de gris y rojo, Yolanda Saldívar. Ella asesinó a Selena Quintanilla Pérez al dispararle con un arma de fuego. Ella le disparó a la espalda, con una bala que entro por la espalda y salió por el frente, cortando una arteria y causando que Selena Quintanilla Pérez sangrara hasta morir. [Trascripción de la corte, página 848]

Continuó diciendo que él y su equipo demostrarían que la balacera no fue accidental y que no sucedió sin razón. Los abogados de enjuiciamiento presentarían un número de testigos para testificar acerca de eventos que llevaron a la balacera y revelan hechos alrededor de la balacera actual.

En las palabras del mismo Valdez—Vamos a llamar a miembros de la familia de la víctima. Vamos a llamar al padre de la víctima, el Sr. Quintanilla. Y él nos va a decir acerca de los eventos de los cuales él fue testigo, que él miró y que nos llevan hasta el asesinato. Vamos a llamar al esposo de la víctima, Chris Pérez, viudo de Selena, y él nos va a decir acerca de cosas que nos llevan hasta el asesinato. También vamos a llamar a Suzette Quintanilla Arriaga, quien nos contará de algunos importantes eventos que ocurrieron aproximadamente dos o tres semanas antes del asesinato. [Trascripción de la corte, página 849] Valdez agregó también que llamaría a testigos que estaban en el Days Inn—No hubo testigos de la actual balacera y asesinato, pero hay varios testigos acerca de las acciones que ocurrieron inmediatamente después del asesinato. [Trascripción de la corte, página 850]

Él le dijo al jurado que a pesar de que en un caso de asesinato no hay necesidad de probar el motivo, el demostraría que había muchos motivos que Saldívar tenía, los cuales pudieron haber sido la razón para el asesinato. Concluyó diciendo al jurado y a la sala de juicios que—Puede parecer complicado, pero no lo es. Todo se resume en un simple acto de violencia, sin sentido. Violencia cobarde es realmente lo que esa mujer cometió. Nuestra intención es dar pruebas de eso. Después de que terminemos con nuestra evidencia, vamos a pedir a ustedes que lleguen a la única conclusión a la cual nos lleva la evidencia. La única conclusión es que, la acusada en este caso es culpable. [Trascripción de la corte, página 853]

El Sr. Valdez pidió al jurado que—escuchen muy cuidadosamente, y deben recordar de mantener sus ojos y sus oídos atentos y tratar de resolver un solo asunto que tienen ante ustedes: ¿Es un hecho que Yolanda Saldívar asesinó intencionalmente a Selena Quintanilla Pérez? Creo que después de que escuchen toda la evidencia, ustedes decidirán que sólo hay una conclusión en este caso, y esa conclusión es que Yolanda Saldívar fue culpable de asesinato. [Trascripción de la corte, página 854]

Mi corazón estaba destrozado en mil pedazos, pero yo creía que, debido a que el asesinato se había cometido tan alevosamente en un lugar público, y junto con su confesión firmada, esto sería lo que se conoce como un caso que se abre y se cierra sin problema. Pero me aguardaban tantas cosas inesperadas.

El camino al banquillo de los testigos

Yo nunca había participado en un juicio en la corte. Hasta ese punto, nadie de mi familia había participado en un juicio, de ninguna manera. Sobra decir que nunca me había sentado en el banquillo de los testigos. El Sr. Valdez nos había dicho lo que podríamos esperar durante el juicio, pero aún así, quede sumamente impactado con la primera táctica del abogado de defensa. Creo que a Carlos Valdez también le tomó por sorpresa.

El Abogado de Defensa Tinker inició su declaración de apertura. Dijo al jurado—*No hay nada en este caso que vaya a causar que disminuya su recuerdo en la memoria de sus admiradores y de cualquiera que la haya conocido, porque ella era una joven damita excelente.* [Trascripción de la corte, página 858] Pensé para mí mismo, *¿Cómo puede él ni siquiera pensar en decir algo negativo de Selena?* Ella era una persona sumamente agradable, de buen corazón y todos los que la conocían la amaban. Por supuesto que no podía decir nada negativo acerca de ella.

En vez de eso, enfocó su atención en mí.

Lo escuché decir que yo había visto una gran oportunidad financiera en el talento de mi hija, tanto así, que la saqué de la escuela a pesar de las objeciones de sus maestros. Me acusó de vivir mi vida a través de la vida de Selena—*La evidencia*

*demostrará que Abraham Quintanilla, cuando procedamos, vivió in-
directamente a través de ella... terminando con una parte más grande
de las recompensas financieras de ese grupo musical y de la carrera de
Selena.* [Trascripción de la corte, página 857-8]

Tinker dijo que yo era controlador y sobreprotector. Dijo
también que yo estaba obsesionado con su carrera y tratando
de revivir la mía, agregando que yo había forzado a todos mis
hijos a vivir conmigo y con Marcella—*en un complejo con una
cerca de seis pies de alta todo alrededor.* [Trascripción de la corte,
página 858]

¡Vaya! Todo eso estaba muy lejos de la realidad.

Como cualquier otro padre, yo amo a mis hijos incondicionalmente. Si usted es una madre o un padre, usted sabe ese tipo
de amor; ese lazo entre padre e hijo es tan fuerte como la Roca
de Gibraltar. No se puede quebrar. De ninguna manera hubiera
yo abusado de ellos. Yo nunca los usaría para mi beneficio personal. Cuando eran niños, yo era su guía. Ya de adultos, ellos
tomaban sus propias decisiones. Mis tres niños vivieron donde
querían vivir. Yo no interferí con sus vidas.

Y de pronto, aquí está este hombre que no me conoce, quien
nunca ha hablado conmigo o me ha visto con mis niños, diciendo que yo era un padre horroroso.

Por otra parte, y creo que era de esperar, ya que estaba de-
fendiendo a Saldívar, el Sr. Tinker describió a la acusada como
una hermana para Selena. La describió como una mujer que había sido una buena estudiante, había trabajado arduamente, se
había graduado de la preparatoria y asistió a clases de noche
para licenciarse como enfermera. Dijo que la familia Quintanilla había estado de acuerdo con su idea de empezar un Club de
Fans de Selena y Los Dinos, y que usualmente los clubes de fans

no son una operación que genera dinero, pero—*ante los ojos de Abraham Quintanilla, ese club de fans estaba supuesto a hacer dinero para Abraham Quintanilla y Selena Quintanilla Pérez.* [Trascripción de la corte, página 854] Pensé para mí mismo, *¿De dónde diablos se le ocurrió esa idea?* Yo no tenía nada que ver con el club de fans. Cuando entro Saldívar para empezar el club de fans, ella estaba en contacto con Suzette. Después fui yo quien sugirió que se contratara a Saldívar cuando Selena estaba desesperada de encontrar a alguien que le ayudara con las boutiques. Yo tuve muy poco que ver con Saldívar. Y, debido a que yo había pasado las últimas décadas en el negocio de la música, *por supuesto* que estaba consciente de que los clubes de fans no eran para hacer dinero. Los clubs de fans son estrictamente de apoyo para publicidad.

Pero, al parecer, el club de fans de Selena era diferente. En su libro, Valdez escribe acerca de su entrevista con una miembro del club de fans de Selena y quien era voluntaria en los puestos del club en los conciertos. Esta jovencita dijo que miró cómo "se colectaban miles de dólares." Ella no sabía lo que pasaba con el dinero, pero había visto a otras miembros *"contar el dinero y aparentemente llevarlo a algún lugar para depositarlo."* [Justice for Selena, p. 89]

En la corte, Tinker continuó con sus ideas desquiciadas. Dijo que Selena "empezó a expandirse, con algunas objeciones de parte del padre, porque le estaba ayudando a escapar del control que tenía sobre ella. Empezó Selena, Etc., un negocio. Abrió un negocio de ropa. Abrió también un salón de belleza el cual hacía trabajos de peinado y maquillaje y empezó una línea de perfume. [Trascripción de la corte, página 861] Tinker luego dijo al jurado que debido a que Selena *"le tenía mucho cariño a*

Saldívar, para 1994, porque eran como hermanas, ella contrató a Yolanda para que la ayudara a correr esos negocios." [Trascripción de la corte, página 861]

Súbitamente era como si Tinker hubiese tomado todas las mentiras a medias que sentía le ayudarían en su caso y las envolvió todas juntas. Sí, Selena había empezado su propio negocio. Sí, era un negocio de ropa. Sí, ella creó un perfume. Pero yo no tuve ninguna objeción contra ninguna de las iniciativas de negocios de mi hija. Esos negocios eran parte de su sueño. ¡Yo estaba perplejo de escuchar a alguien decir estas cosas en una sala de juicios donde uno jura decir la verdad! Yo pensaba que los abogados eran oficiales de las cortes. Sentía que ellos tenían la responsabilidad de no mentir y de no engañar a la corte.

Tinker continuó diciendo que yo no aprobaba de los negocios y que, debido a eso, no se llevaba bien con Saldívar y trató de romper su amistad. Me acusó de decirle a Selena que Saldívar era una lesbiana. Tinker dijo que yo había amenazado "físicamente" a Saldívar, y que ésta había "comprado una pistola por el miedo que le tenía a Abraham."

Yo casi no conocía a esa mujer. Sí, después de nuestra primera reunión, donde Saldívar no pudo o no quiso contestar ninguna pregunta acerca de los cheques que se giró a sí misma o el depósito de efectivo del fondo del club de fans que se había perdido, le dije que no era bienvenida a Q Productions. Ese fue el total de mi conversación con ella al respecto.

Los hechos verdaderos son que, después de la reunión que Suzette, Selena y yo tuvimos con Saldívar, Selena la despidió y Saldívar fue a comprar una pistola. Saldívar fue a una tienda de armas de fuego y mintió, diciendo que era una enfermera y necesitaba la pistola para protegerse de las familias de sus pacientes. Luego, cuando Selena le dijo que siempre sí se podía quedar como una empleada, lo cual Selena hizo para que Saldívar fuera a Monterrey a obtener la documentación que Selena necesitaba, Saldívar regresó la pistola a la tienda. Sin embargo, cuando Saldívar no entregó toda la documentación necesaria, Selena la despidió de nuevo. Fue entonces cuando Saldívar regresó a la tienda de armas y compró la pistola de nuevo.

En mi humilde opinión, Tinker tomó esos hechos y los torció. Él dijo que Saldívar había comprado la pistola después de que yo la había amenazado. Eso es falso, pues yo nunca la amenacé. Dijo también que después de que Saldívar *se dio cuenta de que no tenía que reunirse con Selena ante la presencia del Sr. Quintanilla,"* [Transcripción de la corte, página 865] regresó la pistola a la tienda de armas. Pero luego, días más tarde, él dijo a la corte que las llantas del carro de Saldívar habían sido navajeadas y que mientras estaba en Monterrey, *"un carro sospechoso empezó a seguir el carro en que viajaban Yolanda Saldívar y su sobrina."* [Transcripción de la corte, página 866]. Tinker luego llegó a lo que yo considero una conclusión distorsionada—Ya sea verdadera o erradamente que ella crea que ese era el esfuerzo del Sr. Quintanilla, el causarle pesar. [Transcripción de la corte, página 854]. Él no me acusó directo, sino indirectamente, insinuando, revolviendo los hechos para decir que yo tenía algo que ver con el hecho de que Saldívar haya comprado la pistola y culpándome por las acciones de esa mujer.

¿Cómo puede una persona que representa la ley hacer esto? ¡Eso fue enfrentarme a hechos alternativos! ¡Estaba estupefacto! Cualquier persona podría descifrar lo que el insinuaba entre líneas. Quería que el jurado pensara que yo era tan mala persona y un padre tan horrible, que fui yo el responsable de la muerte de mi querida hija, que yo era la causa. En su mundo de mentiras, yo *hice* que Saldívar la asesinara.

¡Vaya sorpresa! ¡Yo estaba incrédulo! ¡Qué mundo era ese!

Más tarde, el Sr. Valdez me explicó que era una táctica común en la defensa criminal el culpar a la víctima y enjuiciar a la víctima. Pero Tinker no podía y no culparía a Selena nunca. Eso hubiera sido estúpido. En vez de eso, me culpó a mí.

Yo pensé que su descarga de mentiras e insinuaciones había terminado, pero Tinker aún tenía más.

Dijo que el día de la balacera Selena y Saldívar estaban discutiendo acerca de documentos financieros que faltaban. En sus palabras, "Yolanda está tratando de darle ciertos archivos, los pone en un portafolios en el cual están esos documentos, y se los entrega a Selena. Selena vierte los contenidos del portafolios sobre la cama, como lo demostrará la evidencia. En ese momento, allí es donde estaba la pistola. El arma se cayó de la cama. Debido a que está muy desesperada y enojada acerca de las acusaciones que se le hacen y acerca de no poder resolver el asunto, Saldívar trata de renunciar y están discutiendo acerca de eso, Yolanda está ya histérica y recoge los archivos poniéndolos en la bolsa, y los puso debajo del brazo de Selena. Y Selena va hacia la puerta para cerrarla. Yolanda, ya para entonces, tiene la pistola y ha decidido que va a suicidarse y dice—Voy solamente a—ya no puedo aguantar. Aprieta el gatillo de la pistola hacia atrás, mientras Selena camina hacia la puerta, y le dice—No cierres la puerta. Ella quería que Selena se fuera. Y, al hacer eso, ella ondea la pistola. En todo ese revuelo, la pistola se dispara y al dirigirse hacia la puerta, la bala le pega a Selena." [Trascripción de la corte, página 869-70]

Recuerdo estar sentado en mi asiento, escuchando y pensando *¿Cómo puede un hombre de la ley pararse ante una sala de juicios e inventarse todo eso?* Frustrado, bajé la vista al suelo y sólo pude disentir con mi cabeza. ¿Quién le había contado todas esas mentiras? Todo eso venía de una sola persona: Yolanda Saldívar.

En resumen, Tinker estaba diciendo al jurado que la pistola se había caído de la bolsa de mano de Saldívar y que cuando la recogió y la empezó a ondear amenazando con cometer suicidio, la pistola se disparó accidentalmente. Él agregó—*Yolanda no sabe que (Selena) había recibido el impacto de bala.* [Trascripción de la corte, página 870] ¿Qué? ¿Cómo puede ser posible que Saldívar no supiera que le había disparado a Selena? De acuerdo con cada reporte de la policía, cada artículo de la prensa, cada testigo que miró el cuarto del motel se describió que había sangre en la puerta del cuarto y en el pasillo.

Continuó con su versión de lo que sucedió luego. Después de nueve horas de un desafío con la policía, durante el cual Yolanda amenazó con suicidarse, Saldívar se entregó a las autoridades. Durante el largo desafío, sus conversaciones con el oficial Larry Young fueron grabadas y en ellas decía—Yo no quería hacerlo. Pero después de su arresto y durante la entrevista, esas palabras y cualquier otra referencia acerca de que los disparos habían sido accidentales no aparecen en su confesión firmada. Después, durante el juicio, el Sr. Tinker trató de usar esa acusación como una defensa, insinuando que la policía era negligente o intencionalmente dejaron las palabras fuera.

Miró directo al jurado sugiriendo que la balacera había sido un accidente, no un acto intencional, lo cual significaba que Saldívar no podía ser acusada de asesinato. Tinker dijo—*Ustedes sabrán que esto fue sin intención e involuntario, no fue voluntario, y ustedes van a votar no culpable en este caso.* [Trascripción de la corte, página 879]

Yo sabía que me iban a llamar como testigo, pero no pensaba que sería el primer testigo. Mi mente todavía estaba aturdida por las absurdas acusaciones de Tinker. En esos momentos, tuve que buscar dentro de mí y pedir que Dios me guiara y me regalara un poco de tranquilidad. Yo sabía que mis palabras serían importantes para la meta de lograr la justicia para mi hija. Todo lo que tenía que hacer era decir la verdad.

El juez dijo a todos los testigos potenciales que, como testigos, sólo podríamos discutir el caso con nuestros abogados. También dijo que, una vez que hayamos testificado, teníamos que salir de la sala de juicios cuando cualquier otro testigo subiera al banquillo a testificar. Este es el procedimiento normal para prevenir que los testigos escuchen a otros que puedan decir algo diferente y luego cambien su testimonio. Todos los testigos potenciales hicieron el juramento de decir la verdad. Luego el juez pidió al Sr. Valdez que llamara a su primer testigo. Yo escuché mi nombre y caminé hacia el banquillo de los testigos automáticamente, sin pensarlo. Los otros testigos salieron de la sala de juicios. El Sr. Valdez luego me hizo una serie de preguntas de requisito acerca de asuntos generales de procedencia: mi nombre, domicilio y a qué me dedicaba como profesión. Hizo algunas preguntas acerca de mi ocupación previa cuando era joven. Le dije que de joven yo era cantante en un grupo de doo-woop. Me preguntó si estaba casado y cuántos niños tuvimos mi esposa y yo. No supe que decir inmediatamente—Tres… bueno, ahora dos.

Cuando me preguntó los nombres de mis hijos, tuve que tomar un momento para ordenar mis pensamientos—Mi hijo mayor, Abraham, tercero. Y mi hija, Suzette Arriaga. Luego, Valdez me preguntó—¿Tuviste a otro hijo o hija? Le contesté—Sí, si tuve otra. Me preguntó—¿Podría decirle al jurado cuál es el nombre de ese otro niño? Me fue muy difícil decir su nombre, pues mi garganta se cerraba de la angustia—Selena Quintanilla. [Trascripción de la corte, página 885]

Luego empezó a hacerme preguntas más detalladas acerca de cómo Selena alcanzó la fama.

Valdez: ¿Cuál era la profesión de Selena?

Quintanilla: Ella era una artista. Era una vocalista.

Valdez: ¿Tenía también un grupo musical?

Quintanilla: Sí señor.

Valdez: ¿Cuál era el nombre del grupo?

Quintanilla: Los Dinos.

Valdez: ¿Y qué tipo de música tocaban?

Quintanilla: Tejano

Valdez: ¿Tocaban localmente? ¿Estatalmente?

Quintanilla: Selena era una artista internacional. [Trascripción de la corte, página 887]

Luego me preguntó cómo sabía yo que ella era una cantante de mucho talento.

Quintanilla: Yo estaba entonces trabajando en Dow Chemical, y llegaba a casa todos los días buscando mi guitarra para tocarla. Un día, ella (Selena) estaba parada cerca de mí y empezó a cantar mientras yo tocaba la guitarra.

Valdez: ¿Y ella cantaba bien?

Quintanilla: Sí. Yo estaba sorprendido con su talento. Nunca la había escuchado cantar antes. Ni siquiera sabía que podía cantar, pero me demostró que tenía un gran talento para su tierna edad. [Trascripción de la corte, página 888]

Las preguntas continuaron. ¿Cuándo formamos el grupo? ¿Cuál era el nombre del grupo? ¿Dónde tocábamos? y ¿Cuál era mi función en el grupo como gerente?

Valdez: ¿Qué pasó, en cuanto a lo que concierne el negocio de la música, después de que ustedes regresaron a Corpus Christi? ¿Continuaron con el grupo?

Quintanilla: Sí, señor. Nosotros, mi esposa, mis hijos y yo lo discutimos y decidimos que íbamos a tratar de encaminarnos hacia el negocio de la música, y, ya que yo tenía conocimiento de la industria Tejana, íbamos a intentarlo.

Valdez: ¿Era esto un tipo de organización de la familia?

Quintanilla: Sí, señor.

Valdez: ¿Quiénes estaban involucrados en esto en ese momento cuando usted empezó a contratar fechas y a firmar contratos y cosas por el estilo?

Quintanilla: Solamente mi familia. [Trascripción de la corte, página 891]

Me pidió que explicara mi papel como manager, o gerente del grupo.

Quintanilla: Yo llamaba a todos los promotores tratando de que contrataran al grupo.

Valdez: ¿Tenían ustedes contratos dentro de la familia en cuanto a cualquier obligación o responsabilidad, o algo parecido dentro del grupo?

Quintanilla: No. Esta era mi familia; estos eran mis hijos. Además, en ese momento, Selena tenía sólo nueve años de edad.

Valdez: Cuéntenos acerca de lo que pasó con sus carreras.

Quintanilla: Vi el talento que tenían, y me dediqué a buscarles un contrato de grabación. [Transcripción de la Corte p. 892]

Expliqué que viajábamos todos juntos en una vieja vagoneta y el tráiler hecho a mano. Viajábamos juntos, como una familia; todos íbamos allí, hasta nuestros perros. Luego Valdez preguntó si Marcella y yo éramos "padres artísticos," cuidando lo que hacían nuestros niños y empujándolos hacia el negocio del entretenimiento. Le contesté que yo no usaría ese término. Me sentía simplemente como un padre. Marcella y yo éramos los padres. No los empujamos hacia el entretenimiento, pero, al ver su talento, sí los animé. Agregué, con toda la verdad de mi corazón, que el estar juntos todo ese tiempo *nos unió más… sentí que éramos amigos, no tan sólo padres, sino que nos convertimos como amigos.* [Transcripción de la Corte p. 894]

Esa era la verdad. Éramos familia y éramos amigos. La pasábamos muy bien en nuestras giras. Marcella era el corazón y el alma de nuestra banda viajera, siempre allí para escuchar acerca de cualquier preocupación. Yo era quien nos sacaba adelante, literalmente y figurativamente, pues yo manejaba la vagoneta y hacía los contratos para cada presentación.

Valdez luego preguntó acerca de las dificultades de los primeros días. Contesté que, cuando empezamos, no lográbamos mucho en cuanto a ganancias. Teníamos que pagar nuestros propios gastos, tales como viaje, hospedaje y comida. Frecuentemente apenas lográbamos cubrir los gastos.

Valdez preguntó porqué Selena no había asistido a la escuela. Le dije que debido a que formábamos parte de un grupo musical, viajábamos mucho. El superintendente del distrito escolar sugirió que Selena tomara escuela por correspondencia para completar su educación. Esta es una selección de educación alternativa bastante común para las familias que viven del negocio del entretenimiento. Luego me cuestionó acerca del matrimonio entre Selena y Chris Pérez, preguntas acerca de Q Productions y también acerca del negocio propio de Selena.

Valdez: ¿Está usted involucrado en ese negocio?

Quintanilla: No, de ninguna manera.

Valdez: ¿Aconsejó usted a Selena en cómo correr su negocio?

Quintanilla: Al principio le dije que su carrera estaba empezando a tener más éxito y que debía de concentrarse más en la música, pero hasta allí llegaron mis consejos.

Valdez: ¿Se involucró usted en algún asunto financiero de Selena Etc.?

Quintanilla: En ninguno, nunca. [Transcripción de la Corte p. 899]

Y luego,

Valdez: ¿Sabe usted cuándo empezó Selena su negocio?

Quintanilla: Creo que su primera boutique en Corpus Christi abrió, pienso que fue en junio del año pasado… tal vez marzo o abril. En realidad no me acuerdo porque no tuve nada que ver con eso.

Luego procedí a hablar de cómo Selena siempre había tenido un interés especial en diseño de ropa y modas.

Quintanilla: Se que desde que era una niña pequeña, Selena quería ser diseñadora de modas.

Luego Valdez me hizo una pregunta más hiriente:

Valdez: Lo que le estoy preguntando es si usted controla la vida de sus hijos.

Quintanilla: Bueno, yo trato de guiarlos para que hagan lo que es correcto, las cosas buenas, pero no controlo sus vidas. Ellos son adultos.

Valdez: Si ellos quisieran hacer algo diferente a lo que usted quiere que hagan ¿Usted lo permitiría?

Quintanilla: Por supuesto.

Y continuó la interrogación:

Valdez: ¿Usted quería que Selena cerrara sus boutiques de Selena Etc. porque le estaba restando dinero a usted?

Quintanilla: Por supuesto que no. [Transcripción de la Corte p. 899-902]

Valdez siguió la línea de preguntas y me cuestionó acerca de las condiciones de vida en el supuesto "complejo." No era un complejo, sino tres casas en una vecindad modesta. Y no había una cerca de seis pies a su alrededor como lo había descrito el Sr. Tinker. Unos meses después de que nos mudamos de Lake Jackson a Corpus Christi, Marcella y yo logramos rentar una casa en un vecindario muy agradable, conocido como Molina. Con el tiempo, ahorramos suficiente dinero para dar un enganche en esa casa. Nuestros hijos vivieron con nosotros hasta que A.B. se casó y quería tener su propia casa. Marcella y yo compramos la casa enseguida de la nuestra para A.B. y su familia. Cuando Suzette se casó, se mudó a su propia casa a unas cuantas millas de retirado. Selena vivió con nosotros hasta que ella y Chris se casaron. Luego compramos la casa al otro lado de la nuestra y Selena y Chris vivieron allí. Selena y Chris justo habían dado un enganche para comprar diez acres de terreno donde iban a construir la casa de los sueños de Selena.

Preguntó que cómo Saldívar había iniciado y establecido el club de fans de Selena y lo había manejado por tres años. Le dije que yo no estaba involucrado en el club de fans. Yo no manejaba ninguna parte de ese negocio. Le expliqué que era rara la vez que yo veía a Saldívar, a menos que estuviéramos tocando en San Antonio. Ella siempre iba a los conciertos en San Antonio, pero nunca entraba a los camerinos. Siempre estaba al frente de la tarima, con el resto del público.

Nunca pedí que se me rindieran cuentas del trabajo del club de fans, y nunca colecté ningún dinero del club. Agregué—lo único que hice fue que ordenábamos las playeras para ella, y luego nos pagaban por las playeras. [Transcripción de la Corte p. 911] Pero luego varios padres de familia me dejaron saber que sus niños se habían registrado como miembros y no habían recibido los artículos prometidos. Le llamé a Saldívar y la enfrenté con esa información. Le pregunté porque de repente estaba recibiendo tantas llamadas y recibiendo cartas de madres reclamando que sus niños habían enviado el dinero de la cuota y no recibían los artículos. Le dije a Valdez y a la corte exactamente lo que Saldívar me había contestado—*Ella dijo que esas gentes estaban mintiendo, que sólo querían un segundo paquete gratis.* [Transcripción de la Corte p. 912]

Yo sabía que las preguntas se tornarían obscuras.

Valdez: Como resultado de su investigación en ese asunto, ¿Se formó una opinión o se creó alguna sospecha acerca de las actividades de Yolanda Saldívar?

Quintanilla: Así es.

Valdez: ¿Qué fueron… cuál fue esa opinión o sospecha?

Quintanilla: Que ella se estaba robando dinero del club de fans

Valdez: ¿Y usted tomó alguna acción después de eso, después de que nació su sospecha?

Quintanilla: Hablé con ella y le dije que quería que trajera toda la documentación a nuestra oficina. Y que desde ese momento íbamos a correr el club de fans desde nuestra oficina, porque la imagen de Selena se estaba ensuciando debido a que la gente la culpaba a ella. [Transcripción de la Corte p. 914]

Luego él me preguntó acerca de la reunión que el 9 de marzo tuvimos mis hijas y yo con Saldívar en nuestra oficina, después de que encontré los cheques que Saldívar se había girado a sí misma.

Valdez: ¿Qué sucedió en la reunión?

Quintanilla: Le enseñé (a Yolanda Saldívar) algunos documentos que teníamos, que habíamos encontrado . . . y procedimos a cuestionarla acerca de esos documentos.

Valdez: ¿Y acerca de qué la cuestionaron?

Quintanilla: Acerca de quién era una tal Yvonne Peralez.

Valdez: ¿Y la acusada les dio las respuestas?

Quintanilla: Su respuesta fue—No sé.

Valdez: ¿Hizo usted en ese momento alguna amenaza a la acusada, alguna amenaza física?

Quintanilla: No, señor.

Valdez: ¿Le hizo cualquier otro tipo de amenazas?

Quintanilla: No, señor.

Valdez: ¿Le dijo usted que iba a tomar algún tipo de acción?

Quintanilla: Al final de la reunión sí lo hice.

Valdez: ¿Qué le dijo a Yolanda Saldívar esa noche?

Quintanilla: Le dije que iba a ir en la mañana para proceder con una investigación de malversación de fondos. [Transcripción de la Corte p. 950-1]

Valdez continuó, preguntando si había visto a la acusada de nuevo esa noche, a lo cual yo contesté—No.

Valdez: ¿La miró de nuevo la siguiente mañana?

Quintanilla: Así es.

Valdez: ¿Fue eso el viernes, 10 de marzo?

Quintanilla: Eso fue el viernes, 10, el día siguiente.

Valdez: ¿Dónde la viste?

Quintanilla: En mi oficina. Bueno en las oficinas del segundo piso en Selena Etc.

Valdez: ¿Y a qué hora del día fue eso?

Quintanilla: Como a las 7:00 de la mañana . . .

Valdez: ¿Por qué fue usted a la oficina de Selena esa mañana?

Quintanilla: Recibí una llamada de mi hermano.

Valdez: ¿Y debido a esa llamada fuiste a tu oficina?

Quintanilla: Así es.

Valdez: ¿A quién miró en la oficina cuando llegó allí?

Quintanilla: Yolanda Saldívar estaba adentro del edificio.

Valdez: ¿Quién estaba con ella?

Quintanilla: Una empleada de Selena Etc.

Valdez: ¿Quién era esa persona?

Quintanilla: Lori . . . no recuerdo su apellido.

Valdez: ¿Era Lori Roth(e)?

Quintanilla: Sí, señor.

Valdez: ¿Estaba Lori adentro de la oficina también con Yolanda?

Quintanilla: Ella estaba adentro del carro. Afuera de la oficina, adentro del carro.

Valdez: Cuando usted llegó allí esa mañana a las 7:00, ¿Qué hizo usted?

Quintanilla: Le pregunté a Yolanda qué estaba haciendo allí, y le dije que a ella ya no se le permitía entrar a nuestro edificio . . . le dije que ella ya no era bienvenida a nuestro edificio.

Valdez: ¿Qué fue lo que hizo Yolanda en respuesta a eso?

Quintanilla: Solamente salió de allí . . .

Valdez: ¿La viste de nuevo otra vez?

Quintanilla: No, señor.

[Transcripción de la Corte p. 950-54]

Valdez preguntó si había hablado con Saldívar desde ese día. ¿Le había hablado por teléfono? ¿La había amenazado con violencia física? ¿Había amenazado a su familia? Todas mis respuestas fueron — No, señor.

Valdez: ¿Ha usted, en cualquier momento, causado daño físico a Yolanda Saldívar?

Quintanilla: No, señor.

Valdez: ¿Ha usted dañado físicamente cualquiera de sus pertenencias?

Quintanilla: No, señor,

Valdez: ¿Le ha disparado al carro de Yolanda Saldívar?

Quintanilla: No, señor.

Valdez: ¿Ha usted acuchilleado las llantas de su carro?

Quintanilla: No, señor.

Valdez: ¿Ha usted contratado a alguien para qué haga eso, Sr. Quintanilla?

Quintanilla: No, señor,

Valdez: ¿Alguna vez le dijo a Selena que usted pensaba que Yolanda era una lesbiana?

Quintanilla: No, señor.

[Transcripción de la Corte p. 955-6]

Valdez se tomó unos momentos para poner en orden sus pensamientos, y luego me preguntó,

Valdez: Sr. Quintanilla, ¿Ha usted violado a la acusada alguna vez?

Quintanilla: No, señor.

Valdez: ¿Ha tenido relaciones sexuales con ella?

Quintanilla: No, señor.

Valdez: ¿Ha usted herido a la acusada con un cuchillo ?

Quintanilla: No, señor.

Valdez: ¿Ha usted contratado a alguna persona para hacerle daño alguna vez?

Quintanilla: No, señor.

Valdez:¿Ha usted en algún momento amenazado a sus padres?

Quintanilla: No, señor.

Valdez: ¿Ha usted amenazado a su familia alguna vez?

Quintanilla: No, señor.

[Transcripción de la Corte p. 957]

Parecía cada vez más claro para mí que Saldívar había hecho esas acusaciones para tratar de echarme la culpa de sus acciones. Pero yo sabía que Valdez tenía un plan, y ahora podía ver como ese plan se iba desarrollando. Él me estaba haciendo estas preguntas tan difíciles para evitar que el equipo de la defensa me las hiciera.

Valdez: Permítame preguntarle un poco acerca del 31 de marzo de este año, Sr. Quintanilla. ¿Qué estaba usted haciendo ese día cuando primero supo las noticias de la muerte de su hija?

Quintanilla: Mi hijo y yo justo habíamos entrado a la oficina después de desayunar, cuando el teléfono timbró y mi cuñada empezó a gritar.

Valdez: ¿Qué estaban haciendo en la oficina?

Quintanilla: Habíamos estado esperando a Selena. Ella tenía una cita para grabar a las 10:00 de la mañana.

Valdez: Ella nunca llego a esa cita, ¿Cierto?

Quintanilla: No, señor.

Valdez: ¿Quién estaba con usted cuando le dieron la noticia?

Quintanilla: Mi hijo.

Valdez: ¿Qué hizo usted? ¿Cuál fue la noticia que le dieron?

Quintanilla: Me subí inmediatamente a mi carro, mi hijo y yo, y nos apresuramos para llegar a la sala de emergencias.

Valdez: ¿Qué sucedió cuando llegaron a la sala de emergencias?

Quintanilla: Cuando llegamos a la sala de emergencias había mucha gente de pie, afuera en la calle.

Valdez: ¿Y ustedes entraron?

Quintanilla: Sí, señor.

Valdez: ¿Y qué fue lo que les dijeron?

Quintanilla: Que no había sido un accidente como yo creía, un accidente de carro.

Valdez: Sr. Quintanilla, ¿Cómo se sintió después de saber que su hija había sido asesinada?

Quintanilla: Estaba en shock.

Valdez: Esas son todas las preguntas que tengo.

[Transcripción de la Corte, páginas 959-60]

Durante un caso en la corte, el equipo de enjuiciamiento llama a testigos primero y luego el abogado de la defensa cuestiona al o la testigo. Sin embargo, el Sr. Tinker optó por no cuestionarme. Por supuesto, Valdez ya había hecho las preguntas que Tinker me hubiera hecho. Creo que el Sr. Valdez le había arruinado la fiesta al Sr. Tinker.

La carretera a la sala de juicios continúa

Debido a que yo fui el primero en testificar, ya no pude estar en la sala de juicios para ningún otro testimonio. Carlos me daba un resumen de lo que pasaba cada día. Me pasé las siguientes dos semanas en un cuarto en el mismo piso que la sala de juicios, en el edificio de la corte. El cuarto tenía una ventana desde la cual yo podía mirar todo el circo que habían armado los medios de comunicación. Podía ver también cientos de personas enfrente del edificio, protestando contra Saldívar. Gente furiosa y triste. Yo sabía exactamente cómo se sentían, pues yo me sentía igual. Me quedé en ese cuarto la mayor parte del tiempo. Algunas veces iba a prepararme una taza de café a un cuarto donde descansaban los abogados trabajando en otros casos.

Mi familia, Marcella y A.B. se quedaron en la sala de juicios. Mi hija, Suzette, y el viudo de mi hija Selena, Chris Pérez, también testificaron ese primer día. Una vez que terminaron de testificar, ya no se les permitió regresar a la sala de juicios.

Chris testificó que él y Selena pusieron de sus propios ahorros para la boutique Selena Etc. y que, en cuanto a ese negocio, él y Selena hacían las decisiones conjuntamente. Después de que Selena inauguró la primera boutique, Selena y Los Dinos tenían mucha popularidad y frecuentemente estaban de gira. Chris mencionó que necesitaban a alguien que se encargara del manejo del negocio. Él confirmo que Saldívar fue contratada para trabajar en las boutiques, pero no como una chaperona, como ella había mencionado unas cuantas veces. Se le dio acceso a cuentas de banco y tenía una tarjeta de crédito corporativa. Chris también dijo que después de la reunión que tuvimos mis hijas y yo con Saldívar, él y Selena fueron al banco a quitar el nombre de Saldívar de todas las cuentas. Cuando el Sr. Valdez le preguntó —*¿Y porqué ustedes hicieron eso?* Su respuesta fue muy sencilla —*Selena y yo no confiábamos en ella, porque había muchas cosas que se estaban perdiendo, y no se nos podía dar una* *explicación satisfactoria acerca de algunas de esas cosas.* [Transcripción de la Corte, p. 972-3]

Chris también confirmó que, después de esa primera reunión, Selena había despedido a Saldívar por teléfono, diciéndole que ya no podía confiar en ella. Él también testificó que él y Selena después decidieron quedarse con Saldívar para obtener de ella los documentos que necesitaban para completar sus impuestos. Sin embargo, nunca recibieron todos los documentos.

La noche antes del asesinato, Chris llevó a Selena al motel Days Inn para recoger los documentos bancarios. Sin embargo, al regresar a casa, Selena notó que aún faltaban materiales y estaba disgustada. Luego Saldívar le envió mensaje por un buscapersonas, y Selena le llamó. Saldívar quería que Selena la llevara al hospital, alegando que había sido violada, pero Chris le dijo a Selena que no fuera—Le dije que le dijera a Yolanda que yo había dicho que era muy tarde. Así es que eso mismo hizo Selena. [Transcripción de la Corte, p. 982]

El Sr. Valdez preguntó a Chris acerca de la mañana del 31 de marzo.

Chris: Ella (Selena) me despertó porque mi papá estaba en nuestra casa como invitado. Él había llegado de San Antonio. Ella abrió la puerta de nuestra recámara al mismo tiempo que mi papá abrió la puerta del cuarto de huéspedes y los dos se dieron un gran susto, que ella gritó. Fue así como me desperté.

Valdez: ¿Sabía usted a dónde iba ella?

Chris: Le iba a preguntar a dónde iba, pero cuando eso sucedió, sabe, salté de la cama y fui a ver qué pasaba, ella sonrió y yo regresé a la cama. Escuche a Selena y a mi papá charlando y yo me quedé dormido de nuevo.

Valdez: ¿La miró con vida después de eso?

Chris: No. Esa fue la última vez que la vi.

[Transcripción de la Corte, p. 983]

Estoy sumamente orgulloso de mi hija Suzette. Ella ha sido una roca para mi esposa y para mí, y recibimos de ella apoyo y consuelo. Estoy orgulloso de su valentía al testificar en el juicio del asesinato de su propia hermana. Las transcripciones de la corte muestran claramente que ella sólo buscaba que se hiciera justicia para su hermana.

Su testimonio confirmó al jurado que ella había vivido su vida sin ninguna interferencia de mi parte, y que ella no vivía en un "complejo." Suzette estableció muy claramente que ella y su esposo, Billy Arriaga, tenían su propia casa y que yo no controlaba su vida o la vida de ninguno de mis hijos.

Valdez: ¿Usted vive enseguida de la casa de sus padres?

Suzette: No, no es así.

Valdez: ¿Qué tan lejos vive de sus padres?

Suzette: Quince o veinte minutos de retirado de mis padres.

Valdez: ¿Usted vive sola con su esposo?

Suzette: Sí, así es.

Valdez: ¿Tiene usted hijos?

Suzette: No, no tengo hijos.

Valdez: ¿A qué se dedica como profesión?

Suzette: Hasta el día en que Selena murió, yo era la baterista del grupo.

[Transcripción de la Corte, p. 988-9]

Suzette confirmó que nuestra familia nunca cuestionó los motivos de Saldívar; nosotros sólo fuimos bondadosos hacía ella y la incluimos como parte de la familia.

Valdez: ¿Y cuánto tiempo la ha conocido (a Yolanda Saldívar)?

Suzette: Desde 1989 . . .1990

Valdez: ¿Ella era amiga de usted?

Suzette: Al principio, no, pero eventualmente, sí.

Valdez: ¿Estaban ustedes en buenos términos?

Suzette: ¿Antes?

Valdez: ¿Sí?

Suzette: Sí.

Valdez: ¿Usted le dio un tipo de bienvenida a la familia?

Suzette: Sí.

Valdez: Por cierto, ella fue dama de honor en su boda, ¿Verdad?

Suzette: Sí, fue dama de honor.

[Transcripción de la Corte, p. 990-1]

Valdez preguntó a Suzette cómo ella y Yolanda habían trabajado juntas en el club de fans.

Valdez: ¿Se involució usted en el club de fans de alguna manera?

Suzette: Sólo cuando tenían un puesto, como puestos de comida y diferentes lugares.

Valdez: ¿Qué es eso? Explique al jurado qué es eso.

Suzette: El Club de Fans de Selena tenía puestos de comida, tales como gorditas, para recaudar dinero. Se suponía que era una organización sin fines de lucro; y recaudaba dinero para comprar cosas como las estampillas para enviar los artículos en diferentes paquetes a la gente que se unía al club.

Valdez: ¿Y cómo se involucraba usted en esos puestos?

Suzette: Yo no estaba en los puestos. Y estaba de gira y solamente los aprobaba.

Valdez: ¿Y ellas confirmaban con usted para segurar que todo estaba bien?

Suzette: Yolanda me preguntaba si podía poner un puesto de comida en cierto día o en cierto lugar, y yo decía sí o no.

Valdez: ¿Estaba usted involucrada con las finanzas del club de fans?

Suzette: No, no lo estaba.

Valdez: ¿Sabía usted cuánto dinero se estaba ganando?

Suzette: No, no lo sabía.

Valdez: ¿Sabía usted cuánto dinero se estaba gastando?

Suzette: No, no lo sabía.

Valdez: ¿Sabía usted si su padre estaba involucrado de alguna manera con el club de fans?

Suzette: No, él no estaba involucrado.

[Transcripción de la Corte, p. 992]

Suzette también fue cuestionada acerca de las acusaciones del Sr. Tinker de que yo controlaba a mi familia.

Valdez: ¿Usted le tiene miedo a su padre?

Suzette: No . . .

Valdez: ¿Trata él de controlarla a usted?

Suzette: No.

Valdez: ¿Usted hace todo lo que él le dice?

Suzette: No.

Valdez: ¿Es usted como una niña normal?

Suzette: Definitivamente. Sí.

[Transcripción de la Corte, p. 992-3]

Y Valdez preguntó a Suzette sobre la reunión que nosotros, Selena, Suzette y yo, tuvimos con Saldívar.

Valdez: ¿Qué sucedió en la reunión? Dígale al jurado lo que sucedió.

Suzette: Nos sentamos y Yolanda estaba callada, Selena sólo estaba sentada allí y mi papá empezó a resaltar cosas a Yolanda, haciéndole preguntas acerca de ciertas cosas, como qué era lo que teníamos.

Valdez: ¿Y Yolanda tenía alguna respuesta a esas preguntas?

Suzette: No, ella sólo—Sr. Quintanilla, yo . . . yo . . . tenemos archivos de eso. Yo no sé que les pasó a los archivos. Estaban en el libro azul. Y siguió repitiendo eso. Luego él le preguntaba acerca de algo más y ella no tenía respuestas para nada.

Valdez: ¿Su padre, el Sr. Quintanilla, amenazó a Yolanda en cualquier momento durante esa reunión?

Suzette: No.

Valdez: ¿La amenazó él con violencia física?

Suzette: No.

Valdez: ¿Le dijo él que iba a tomar cierto tipo de acción?

Suzette: Sí. Él le dijo que iba a proceder legalmente.

Valdez: ¿Haciendo qué?

Suzette: Me imagino que reportándolo a la corte, a ponerlo en manos de la ley.

[Transcripción de la Corte, p. 995-6]

Luego Valdez preguntó a Suzette cuál fue su reacción cuando se dio cuenta que Saldívar había traicionado su amistad.

Valdez: ¿Qué paso después de la reunión, si acaso algo? ¿Qué hizo usted?

Suzette: Me puse de pie y me acerqué a la cara de Yolanda y la apunté con el dedo diciéndole que ella era una mentirosa y que era una ladrona.

Valdez: ¿La amenazó usted de alguna manera con violencia física?

Suzette: No. Nunca.

Valdez: ¿La miró usted después de eso?

Suzette: No.

Valdez: ¿Había usted hablado con ella?

Suzette: No.

Valdez: ¿La había usted amenazado de alguna manera?

Suzette: Nunca.

Valdez: ¿Había usted contratado a alguien para que la amenazara?

Suzette: Nunca . . .

Valdez: ¿Porqué usted—dice que se le puso frente a frente. Porqué hizo eso?

Suzette: Porque yo sabía que estaba mintiendo.

[Transcripción de la Corte, p. 996-7]

Suzette es una persona muy fuerte y muy justa. Pero apuesto a cada uno de ustedes que si hubieran descubierto que alguien en quien confiaban les había mentido y había robado a su familia, habrían tenido la misma reacción, o tal vez peor.

CAPÍTULO DIEZ

El veredicto

Después de que mi familia testificó, treinta y tres otros testigos fueron llamados por el equipo de enjuiciamiento y sólo cinco por el equipo de la defensa. La mayoría de los testigos tenían nueva información que salía a la luz, pero la defensa expresó su preocupación de la manera en que fue procesada la declaración de Saldívar.

El detective Paul Rivera, quien entrevistó a Saldívar después de su arresto y tomó su declaración, testificó que él escribió lo que Saldívar dijo en una hoja de papel. Luego él tomo esas notas escritas a su oficina y dictó la declaración en una grabadora. La secretaria del departamento luego escribió a máquina la declaración que estaba en la grabación. Una vez que la transcripción estaba completa, el detective la comparó con sus notas escritas y, al ver que era copia exacta, rompió sus notas escritas. Él dijo que era procedimiento normal, pero la defensa repetidamente criticó sus acciones. Tinker se atrevió a ir más lejos e insinuar que había una conspiración de la policía. Sin embargo, no se podía negar que Saldívar firmó la confesión, la cual el Sr. Valdez pidió que el Detective Rivera leyera en voz alta al jurado. (Este es un extracto editado)

Rivera: (leyendo la declaración): *Mi nombre es Yolanda Saldívar. Tengo 34 años de edad, nacida el 19 de septiembre de 1960, y estoy viviendo en (domicilio) San Antonio, Texas. Mi número de teléfono es (número). He estado trabajando para Selena Etc., en Corpus Christi desde cerca de julio de 1994.*

Inicialmente se me contrató para acompañarla (Selena) como su chaperona . . .

El nombre de su padre es Abe Quintanilla, y él no estaba de acuerdo en que yo trabajara en la compañía. Durante la primera semana de febrero de este año, 1995, su padre, Abraham, le dijo a Selena que yo era una lesbiana, mientras estábamos en Miami, Florida. Su padre también le dijo que yo estaba robando dinero de la compañía. Su padre, Abraham Quintanilla, le estaba poniendo mucha presión a Selena y Selena sugirió que nos mantuviéramos alejadas una de la otra para que su padre no se enojara . . .

El miércoles, 29 de marzo de 1995 hablé con Selena desde Monterrey, Mexico, y ella me dijo que trajera algunos documentos de balances bancarios y algunos otros papeles y un teléfono celular que ella necesitaba . . . El siguiente día, 30 de marzo de 1995, manejé a San Antonio con mi hermana, Virginia Mendoza. Ese mismo día, 30 de marzo de 1995, vine a Corpus Christi como a las 7:00 P.M. en la camioneta roja 1994, GMAC, de mi sobrino . . . Llegué a Corpus Christi y me registré en el Motel Days Inn en Navigation, en la habitación 158. Use mi buscapersonas y envié mensaje a Selena entre las 7:00 y las 7:30, unas ocho veces, y ella regresó mi llamada alrededor de las 11:00 P.M.

Un poco más tarde vino a la habitación del motel y habló conmigo por unos diez minutos. Me dijo que su esposo, Christopher, estaba afuera, esperando en su carro. Selena se llevó los documentos bancarios y archivos de Nations Bank . . . que yo le había traído de Monterrey. Antes de irse, le dije que un hombre abrió la puerta de mi carro y trató de violarme, y le enseñé algunos rasguños en mis brazos y en mi cuello. El siguiente día, 31 de marzo, 1995, Selena me llamó a eso de las 8:30 A.M., mientras yo dormía y me dijo que iba a ir al motel. Un corto tiempo después, tal vez como a las 9:00 A.M. ella vino a mi cuarto en el Motel Days Inn y me llevó al Doctor's Regional Hospital en Almeda, donde un doctor me dio tratamiento por rasguños que yo tenía en mi cuerpo. El doctor me dijo que no podía hacer mucho porque eso había pasado en Monterrey, México.

Mientras manejaba de regreso al motel en su camioneta, ella me dijo que su padre le había dicho que los papeles que había traído de Monterrey eran los equivocados, y que su padre dijo que yo era una lesbiana. Me dio coraje y le dije a ella que ya no quería trabajar con su padre. Llegamos al motel y las dos entramos al cuarto y ambas empezamos a discutir porque yo quería dejar de trabajar para ella. Le di todo lo que tenía, el teléfono celular y los archivos del banco mientras discutíamos. Ella empezó a verter en la cama todos los archivos que yo traía en el portafolio o la bolsa que yo traía.

De mi bolsa tomé la pistola, la cual yo había comprado cerca de dos semanas antes en San Antonio por $250 dólares. Compré la pistola en un lugar llamado A Place to Shoot (Un lugar para disparar), *localizado en Marson Boulevard en San Antonio. La pistola carga cinco balas. Yo saque la pistola de mi bolsa y Selena empezó a caminar hacia la puerta, la cual estaba abierta. Jalé el gatillo hacia atrás y le disparé mientras ella caminaba hacia la puerta, la cual estaba abierta. Selena se fue corriendo y no sé a dónde se fue. Yo me asusté y me subí a mi camioneta y manejé alrededor del estacionamiento buscándola. No la pude encontrar y me estacioné en el otro lado del estacionamiento.*

Un oficial de la policía se acercó a mi camioneta y yo apunté mi pistola a mi cabeza. Llegaron otros oficiales de la policía y yo continué con la pistola apuntada a mi cabeza por las siguientes diez o doce horas. Luego decidí salir de la camioneta y entregarme. [Transcripción de la Corte, p. 2169-73]

La declaración de Saldívar termina con —*Luego les di (a los detectives de la policía) la declaración, la cual es verdadera y correcta, hecha de mi propio albedrío, y no hubo amenazas ni promesas que se me hicieron a cambio de hacer esta declaración.*

[Transcripción de la Corte, p. 2173]

Valdez luego preguntó al Detective Rivera cuántas correcciones se habían hecho a la declaración.

Rivera: Bueno, ella hizo . . . veo cuatro correcciones.

Valdez: ¿Cuatro correcciones? Muy bien. ¿Y quién hizo esas correcciones? ¿Usted hizo esas correcciones? ¿Usted hizo las correcciones por ella o ella hizo las correcciones sola?

Rivera: No. Ella las hizo.

Valdez: ¿Usted le evitó que hiciera correcciones?

Rivera: No. No lo hice.

Valdez: ¿Usted, en algún momento, le dijo que no podía cambiar alguna cosa?

Rivera: No. No lo hice.

[Transcripción de la Corte, p. 2174]

Más tarde en este cuestionamiento, Rivera testificó que Saldívar, después de leer su declaración—regresó hacia arriba y dijo—yo dije--¿Cuál es el problema? Ella dijo—Aquí, donde dice que yo le disparé—dijo ella—se disparó.

Valdez: ¿Ella estaba hablando acerca de la pistola, según lo entendió usted?

Rivera: *Yo dije—¿De qué estás hablando?*

Ella dijo—La pistola se disparó.

Yo dije—Mira, tú nos acabas de decir que sacaste la pistola de tu bolsa y le disparaste, jalaste el gatillo y le pegaste un tiro.

Y ella dijo—Bueno, eso está correcto. Y luego ella se bajó y firmó la declaración.

[Transcripción de la Corte, p. 2175-6]

Valdez luego preguntó al detective si Saldívar hubiese querido cambiar lo que decía la declaración él lo hubiera permitido, y él contestó—Sí, señor. Valdez preguntó si era inusual que un acusado o una acusada hiciera correcciones a su declaración. El detective respondió que los acusados frecuentemente tratan de hacer declaraciones generales acerca de lo que pasó para minimizar su culpabilidad o parte en un caso.

Valdez: ¿Hay gente que se niega a firmar (su declaración)?

Rivera: Eso es correcto.

Valdez: ¿Usted no los obliga, es verdad?

Rivera: Eso es correcto. Si no quieren firmar, no firman.

Valdez: En este caso ¿Hubo algún rechazo para firmar?

Rivera: No

[Transcripción de la Corte, p. 2177]

Otra testigo del equipo de enjuiciamiento fue la trabajadora del hotel quien dijo que miró a Selena corriendo hacia el lobby del motel, y que corrió hacia Selena para ver si la podía ayudar. Al mismo tiempo, ella miró hacia atrás para ver lo que Saldívar estaba haciendo.

Testigo: Ella estaba corriendo detrás de Selena y apuntando la pistola a Selena.

Valdez: ¿Cómo se veía ella (Saldívar)?

Testigo: No se veía, usted sabe, como si estuviera enojada o nada más.

Valdez: ¿Se veía como si estuviera histérica?

Testigo: No, señor . . .

Valdez: Cuando paró, ¿Qué fue lo que hizo?

Testigo: Sólo se dio la vuelta, regresó y se quedó parada en la puerta de su cuarto.

[Transcripción de la Corte, p. 1354]

Valdez le preguntó si Saldívar se miraba emocionada o histérica. La testigo contestó—No. Le preguntó si Saldívar estaba llorando o gritando. Una vez más, la testigo contestó—No. Le preguntó si Saldívar pidió ayuda. La testigo contestó—No, señor.

Luego le preguntó a la testigo—Cuando Selena estaba corriendo, escapándose de Saldívar, y ella, la testigo estaba corriendo a ayudar a Selena, pero se volteó para ver lo que Saldívar estaba haciendo, ¿Podía usted escuchar los gritos de Selena?

Testigo: Sí.

Valdez: ¿Pudo usted escuchar alguna cosa que haya dicho la acusada?

Testigo: Ella (Yolanda) sólo le gritó y le dijo—*Bitch* (Puta)

[Transcripción de la Corte, p. 1354-58]

Fue durante este testimonio que Marcella tuvo que ser llevada de emergencia al hospital para recibir tratamiento por alta presión arterial. En el hospital, alguien caminó cerca del cuarto donde la estaban examinando. La persona había estado en la sala de juicios y mencionó a "Yolanda Saldívar." La sola mención de ese nombre causó que la presión arterial de Marcella se alterara de nuevo.

Marcella ya no regresó a la corte ese día. El doctor le ordenó que descansara, por lo tanto, la admitieron al hospital por esa noche.

Al siguiente día, me dijo Valdez que Tinker se quejó a la corte de que mi esposa se haya ido de la sala de juicios como un movimiento "calculado" solamente para ganar la simpatía del jurado. Una vez más, yo estaba estupefacto de cuan bajo podía caer un abogado, de cuánto podía una "persona de la ley" retorcer los hechos para su propio beneficio. ¿Qué más puedo decir? ¿Acaso no podía él ver a una madre cuyo corazón estaba roto en mil pedazos por la muerte de su hija? Me dio algo de paz cuando el Juez le pidió que se callara, pues la madre de Saldívar, llena de emoción, también había salido de la sala de juicios.

¡Qué mundo es este en el que vivimos!

Dos de los más poderosos testimonios fueron del paramédico que dio primeros auxilios a Selena en el Days Inn, y el testimonio del Dr. Louis Elkins, el cirujano cardiólogo quien operó a Selena en el Centro Médico Memorial.

El paramédico, Richard Fredrickson, testificó bajo el cuestionamiento de Mark Skurka que él hizo todo lo posible por estabilizar a Selena mientras la transportaban al hospital, pero la herida era fatal. Fredrickson y su colega de turno, Brian Boldwiler, estaban en un taller de reparaciones a menos de dos millas del Days Inn. Escucharon la llamada de heridas de disparo y llegaron dentro de dos minutos. Cuando llegaron y encontraron a Selena postrada en el vestíbulo del motel, hicieron todo lo posible por detener el sangramiento.

Skurka: ¿Sería justo decir que nunca detectaron un pulso?

Fredrickson: Nunca se detectó un pulso.

Skurka: Vamos a hablar acerca de otros signos vitales. ¿Cuáles son los otros signos vitales? ¿Creo que usted dijo que su colega hizo algo con el cuello o la quijada para establecer el paso libre de la respiración?

Fredrickson: Correcto

Skurka: ¿Tenía la paciente alguna respiración?

Fredrickson: Ella no estaba respirando.

[Transcripción de la Corte, p. 1538]

Fredrickson explicó que su colega colocó un monitor cardíaco en el cuerpo de Selena para medir la actividad cardíaca. Una detección normal es de cerca de ochenta. La detección cardíaca de Selena fue de veinte.

Skurka: Cuando usted dijo que ella tenía una lectura de veinte, usted no le está diciendo al jurado que su corazón estaba palpitando actualmente, ¿correcto?

Fredrickson: (Su corazón) no estaba palpitando.

Skurka: ¿Qué más hicieron ustedes camino al hospital?

Fredrickson: Bueno, mi colega la entubó poniéndole un tubo en su garganta para abrir la vía respiratoria. Mientras él estaba haciendo eso, yo estaba tratando de establecer una solución intravenosa para ella.

[Transcripción de la Corte, p. 1544-5]

Después que Fredrickson explicó la importancia de una solución intravenosa, IV, Skurka le preguntó,

Skurka: ¿Cuál era la condición de esa vena?

Fredrickson: La vena estaba plana.

Skurka: ¿Qué quieres decir, plana?

Fredrickson: Debido a que el cuerpo había succionado toda la sangre, la vena se había colapsado totalmente. No había nada allí. No podíamos poner una aguja en eso.

Skurka: ¿Cuál es usualmente la condición de la vena?

Fredrickson: Es usualmente redonda y abierta. Necesitas sangre fluyendo para mantenerla abierta.

[Transcripción de la Corte, p. 1548-9]

Fredrickson trató de hacer funcionar una intravenosa cuatro o cinco veces, usando diferentes venas.

Fredrickson: No funcionó. Las venas se habían colapsado. Mi colega trató de hacer la intravenosa por la yugular. Trató de meter la aguja dos o tres veces, tratando de poner algo de fluidos dentro del cuerpo de Selena.

Skurka: Una vez más, durante todo este tiempo, estamos todavía en la ambulancia, ¿Hay alguna respiración?

Fredrickson: No, señor.

Skurka: ¿Hay siquiera una palpitación del corazón?

Fredrickson: No, señor. De hecho, para esa hora el monitor ya mostraba una línea recta. No había ninguna actividad eléctrica.

Skurka: ¿Qué es lo que indica eso?

Fredrickson: Indica que ella estaba muerta.

[Transcripción de la Corte, p. 1548-51]

El Sr. Valdez me dijo que el Dr. Elkins dijo durante su testimonio que el procedimiento que llevó a cabo para Selena intentando hacer que su corazón empezara a bombear de nuevo fue un esfuerzo en vano. Él dijo que, desafortunadamente, ella ya estaba muerta cuando llegó al hospital. El doctor declaró que él sólo hizo el intento porque el doctor de la sala de emergencia ya había comenzado el proceso. Testificó que—no había evidencia de función neurológica. No había sangre fluyendo al cerebro. [Derecho de autor ©1995 Houston Chronicle, SelenaForever.com]

La herida fatal causada por el disparo de la pistola que Saldívar sostenía en sus manos, y el que ella haya jalado el gatillo, resultaron exactamente en lo que yo creo que ella intentaba hacer—matar a nuestra querida hija, hermana y esposa. Selena murió por la pérdida de sangre y paro cardíaco. No había nada que cualquier persona haya hecho o dejado de hacer que hubiera cambiado el resultado de ese disparo mortal. Desgraciadamente, la vida de Selena no pudo haber sido salvada.

Las cintas

También se presentaron al jurado en la corte cerca de cinco horas de grabaciones de audio del reto de Saldívar con la policía, mientras tenía su pistola apuntada a su cabeza, amenazando con suicidarse. La persona con la cual habló la mayor parte del tiempo fue un oficial de la policía, asignado al Equipo de Negociación de Rehenes, el Sargento Larry Young. Antes de que la grabación empezara, Young habló con Saldívar a través del teléfono celular por cerca de dos horas. Él testificó que Yolanda estaba trastornada y que quería matarse. El trabajo del Sargento Young en ese momento era de prevenir que ella se disparara. Él dijo que utilizó su entrenamiento y su experiencia para hablar con ella y tranquilizarla y, sabiendo que ella creció en un hogar católico, hizo referencia a Dios y a la Virgen de Guadalupe. Para entonces las baterías del teléfono celular se habían apagado. Sin embargo, en ningún momento durante ese tiempo dijo ella que la balacera fue accidental.

La policía aseguró una línea de teléfono y entregó a Saldívar un teléfono mientras ella estaba aún escondida en su camioneta. El Sargento Young continuó haciendo lo mejor de su parte para persuadirla de que soltara la pistola y saliera de la camioneta.

En las cintas, ella dijo que había deshonrado a su familia y que no podía ya vivir con ella misma—No quiero vivir en esta tortura . . . nunca me voy a perdonar—sollozaba—Estoy avergonzada de lo que he hecho . . . no merezco vivir para nada.

En la grabación, ella sollozaba y pedía a Dios y a su familia que la perdonaran y repetidamente amenazó con matarse—Mira lo que hice a mi mejor amiga—le dijo al Sargento Young—Debería matarme. He hecho algo equivocado. Nunca se me perdonará en mi vida entera . . . Debí haber sabido lo que era mejor . . . y yo sabía lo que era mejor. Dijo ella—No quería hacerlo—y luego me culpó a mí—Él me hizo hacerlo. Él quería atraparme . . . Este hombre era muy malo conmigo . . . Hasta mi padre me había advertido acerca de él. Mi padre me dijo que me escapara antes de que me atrapara.

El jurado escuchó de nuevo como la balacera era toda causada por mí. Saldívar me acusó de haberla atacado en su apartamento y de haber amenazado a ella y a su familia—Él me empujó a hacer esto, Larry, él quería matarme . . . Él me amenazó cada día porque no me quiere con su hija.

Fue durante esta conversación grabada, en su intento de hacerla que se entregue a la policía, que el Sargento Young sugiere a Saldívar que tal vez la balacera fue accidental. Las siete horas completas de las grabaciones fueron tocadas en la sala de juicios.

El libro del Sr. Valdez, *Justice for Selena: The State Versus Yolanda Saldívar* (Justicia para Selena: El Estado contra Yolanda Saldívar) comparte transcripciones de algunas de las grabaciones, incluyendo esta:

Saldívar: Voy a matarme. Ya no quiero vivir.

Young: Las cosas no son tan malas para que te lastimes. ¿Podrías bajar la pistola?

Saldívar: No puedo hacer eso. Quiero hablar con mi madre.

Young: Piensa acerca de tu familia. Tú no quieres lastimar a tu familia.

Saldívar: No quiero lastimar a nadie, sólo a mí misma. Voy a matarme ahora mismo. No merezco vivir. No merezco vivir para nada.

Young: Estás diciendo eso solamente porque estás cansada. La pistola se puede disparar accidentalmente, hasta cuando tú no quieras que se dispare. ¿Vas a ir contra los mandamientos de Dios? No puedes hacer eso. Tienes que bajar la pistola. Se puede disparar accidentalmente. [Justice for Selena, p. 282]

Luego, cuando escucha por la radio de la camioneta que Selena había muerto, hace una de las acusaciones más extrañas en mi contra, e hizo muchas, que yo la había violado.

Saldívar: Yo nunca quise lastimar a nadie. Él puso un cuchillo en mi vagina y me violó hace como un mes, y dijo que, si yo le decía a alguien, me mataría y mataría a mis padres. [Justice for Selena, p. 283]

Pues bien, déjenme contarles que me da gusto de no haber estado en la sala de juicios durante ese tiempo. No sé si podría haberme controlado. Cualquier persona al escuchar tal acusación tan rara hubiese querido ponerse de pie y defenderse.

En la sala de juicios, Skurka cuestionó al Sargento Young quien, una vez más, estaba tan solo haciendo su trabajo de lograr que Saldívar se entregara a las autoridades.

Skurka: ¿Ha usado ella alguna vez la palabra accidente (durante su conversación)? ¿Había usado "accidente"?

Young: No, señor.

Skurka: Así es que la primera vez que se dijo la palabra "accidente" fue de su parte, Sargento, cuando dijo—Yolanda, se pudo haber disparado (la pistola) accidentalmente.

Young: Si, señor.

[Transcripción de la Corte, p. 1934]

Siempre voy a creer que la muerte de mi querida hija, nuestra hija, no fue un accidente. Para mí, fue un asesinato premeditado. Cuando repaso todos los hechos, pienso que esa mujer tenía un plan desde el primer día, hasta que se descubrió que estaba desfalcando, mintiendo y engañando. Compró una pistola mintiendo. Mintió acerca de la documentación financiera una y otra vez. Creo que también mintió acerca de su supuesta violación en México. Además, trató varias veces que Selena y ella estuvieran a solas, creo firmemente, para intentar matarla.

Se me ha preguntado si pienso que Saldívar tenía problemas mentales. ¿Qué les puedo decir? Cualquier persona que opta por truncar la vida de otra persona por la única razón de tener pensamientos malditos en su propia mente debe tener problemas mentales. Es bien sabido que los psicópatas no tienen conciencia. Pueden robar, mentir y herir a otros sin sentir ni culpabilidad ni vergüenza. Un mentiroso patológico miente compulsivamente, sin pensar en el daño que pueda causar, sin pensar en nadie más, tan sólo en sí mismo. Algunas veces mienten para aparecer como héroes o como la víctima, o para lograr ser aceptados o para ganar la simpatía de otros. No entiendo las complejidades de la mente humana, pero lo que creo es esto—Casi cada palabra que salía de la boca de Saldívar era una mentira y ella nunca ha expresado ni el más mínimo gesto de arrepentimiento por sus acciones.

Alegatos finales

El juicio duró diez días. Se nos permitió a Suzette, Chris y a mí regresar a la sala de juicio para los alegatos finales. El Juez comenzó.

Juez Westergreen: Estamos listos para el jurado. Se leyeron las instrucciones. En resumen, son las siguientes: Si ustedes encuentran que la balacera fue intencional, deben encontrar a la acusada culpable de asesinato al dispararle a Selena Quintanilla Pérez. Si tienen una duda razonable, deben absolver a la acusada. Si encuentran que la acusada es culpable de asesinato, debe de haber una intención y que ella causó la muerte de Selena Quintanilla Pérez con plena conciencia. [SelenaForever.com 23 de octubre, 1995]

El equipo de la defensa recordó al jurado de que deben ser valientes. Ese equipo insistió en que la balacera fue un accidente y que Saldívar no era culpable. El Sr. Hagans, del equipo de la defensa, declaró—Este fue un trágico accidente. Antes de que hable de la evidencia en este caso o del veredicto de lo que ustedes deben de hacer, quiero hablar un momento acerca de la tragedia que ha sucedido aquí. Ustedes saben, ustedes han tenido la oportunidad de escuchar el dolor y la angustia que Yolanda sufrió esa noche de la herida y la muerte subsecuente de Selena. No se cuestiona que Yolanda reconoce la tragedia, la trágica pérdida de Selena, y todos nosotros compartimos en esa unidad de pesar. Ninguno de nosotros ha hecho una sola cosa para sugerir que Selena se merecía eso. Pero ella fue víctima de circunstancias trágicas. Ella no fue víctima de un asesinato.

[Transcripción de la Corte, p. 2916-7]

El equipo de la defensa dijo que Saldívar no tenía antecedentes penales. Agregaron que los disparos accidentales de pistolas suceden todo el tiempo. Hicieron referencia a las grabaciones diciendo que Saldívar no quería dispararle a Selena; quería dispararse a ella misma. Cuestionaron un número de los testimonios de testigos, diciendo que estaban equivocados o que totalmente estaban mintiendo. Sugirieron que Selena quería que Saldívar continuara trabajando para ella y que era Saldívar la que dejó el trabajo. Insinuaron que Selena aún consideraba a Saldívar como a una amiga, hasta el punto de llevarla al hospital la mañana de la balacera.

Actualmente tuvieron la audacia de decirle al jurado—Si Selena pudiera entrar a esta sala de juicios hoy y decirles lo que ella quisiera, ella les diría que deben encontrar que Yolanda Saldívar no es culpable de asesinato. ¡Al escuchar esas palabras no pude evitar dejar salir un lamento horrorizado! ¿Qué derecho tenía ese abogado de siquiera imaginar lo que diría mi hija? ¿Quién era él para pensar que conocía a mi hija lo suficiente, una persona que él nunca había conocido, para decirle al jurado lo que ella debió haber querido? Yo estaba totalmente asqueado por las repulsivas inferencias.

Y, un golpe final para mí, le dijeron al jurado—*Es su deber en este caso el seguir la ley, y Yolanda Saldívar no es culpable de asesinato. No estamos aquí para satisfacer la sed de venganza de un padre furioso.* [Transcripción de la Corte, p. 2948]

¿Qué puedo decir? ¿Qué tengo mucho pesar? ¿Qué tengo mucho dolor? Sí, así es. Pero el llamar vengativo y furioso a un padre que acaba de perder a su hija en un asesinato desquiciado, queridos amigos y amigas, eso es un golpe demasiado bajo.

Valdez y Skurka empezaron su alegato de apertura mostrando una fotografía de una Selena feliz, hermosa y llena de vida. Skurka dijo al jurado que, debido a las acciones asesinas de Saldívar, Selena quedaba reducida a una simple fotografía. Continuó—*todo lo que tenemos es su recuerdo. todo lo que tenemos es lo que queda de ella, gracias a esa mujer que esta sentada allí. La mujer que la mató. En cuanto a eso, no debe de caber ninguna duda. Yolanda Saldívar, el 31 de marzo de 1995, asesinó a Selena Quintanilla Pérez. Sacó la pistola, jaló el martillo, apuntó la pistola hacia Selena, apretó el gatillo y la mató. No tan sólo la asesinó, compañeros, sino le disparó en la espalda.* [Transcripción de la Corte, p. 2981-2]

Skurka agregó—*Selena dejó su huella en el mundo; miles de admiradores, millones de admiradores, una artista a nivel mundial. Ella dejó su huella en el mundo con su música. La acusada deja su huella en Selena con un disparo de bala, un agujero de bala por la espalda.* [Transcripción de la Corte, p. 2982]

Recalcó los "derechos de la acusada," el derecho a un juicio con un jurado, el derecho de tener a un juez oficiando en su juicio, el derecho de enfrentar a sus acusadores y el derecho a abogados que la representen. Luego él preguntó —*¿Dónde está el jurado de Selena? ¿Merecía Selena morir ese día? ¿Qué hizo de ella (Saldívar) juez, jurado y, finalmente verdugo? Esta mujer (Selena) no merecía morir. No merecía morir en manos de una empleada que estaba a punto de ser una exempleada, quien no quería que se le dejara fuera nunca más.* [Transcripción de la Corte, p. 2983]

En cuanto a la sugestión de que fue un disparo accidental, entonces ¿porqué Saldívar, una enfermera, no administró primeros auxilios después que le disparó a Selena? Si el disparo fue accidental porque la pistola "se disparó sola," ¿porqué no llamo al 911? Skurka preguntó —¿Porqué en nueve horas en que la acusada tuvo apuntada su pistola a su cabeza no se disparó accidentalmente? [Transcripción de la Corte, p. 3018]. Luego Skurka sacó a relucir las muchas declaraciones conflictivas que Saldívar había hecho, incluyendo tres mentiras diferentes que dijo al comprar la pistola. Una: Ella era una enfermera con pacientes a punto de morir. Dos: Tenía que protegerse de las familias de los pacientes que ella cuidaba. Tres: Al regresar la pistola, dijo que su padre ya le había comprado una pistola.

Skurka continuó atacando sus muchas mentiras. La mentira acerca de haber sido violada en México, de lo cual no había evidencia. La mentira cuando Selena la llevó al hospital para ser examinada, acerca de que sus ropas habían sido destrozadas durante esa supuesta violación, las mismas ropas que, de acuerdo con testigos del motel, no estaban destrozadas cuando ella se registró en el Days Inn, como lo confirmó una testigo. La mentira que ella enunció en su declaración de que se le había contratado como chaperona para Selena. Y también la mentira de que yo la había violado seis semanas antes del asesinato, y, aun así, no mencionó la supuesta violación en México o esta otra supuesta violación al vendedor de la tienda de armas.

Skurka preguntó al jurado si recordaban lo que una de las empleadas del Days Inn había jurado bajo la ley haber escuchado que la acusada había gritado una palabra insultante a Selena cuando ésta corría para salvar su vida. Enseguida levantó algunas páginas del caballete de presentación de fotos y documentos, y reveló una palabra: "Bitch" (Puta). La testigo había escuchado cómo esta mujer (Saldívar) gritó a Selena—puta. Skurka preguntó—*Ahora, ¿Porqué llamarías a tu mejor amiga una puta después de que le disparaste accidentalmente?* [Transcripción de la Corte, p. 3011-12]

El Sr. Skurka dio una presentación de lo que el equipo de enjuiciamiento estaba tratando de hacer a través de todo el juicio. Le llamó la "defensa del calamar," explicando que cuando un calamar es atacado, suelta un líquido de tinta negra que mancha el agua e impide ver bien. La defensa estaba tratando de nublar la verdad con una mancha, apuntando a todos lados, menos a Saldívar. Ese tipo de defensa –*empieza, número uno, échale la culpa a alguien más, culpa a la policía, culpa al equipo de enjuiciamiento, culpa a la familia, culpa al Sr. Quintanilla, culpa a la policía porque no hicieron alguna cosa, culpa a las empleadas de la limpieza del hotel porque no hicieron algo, culpa a esta otra persona, hay una conspiración suelta para culpar a Yolanda Saldívar.* Échenle la culpa a todo mundo. *La gente está mintiendo, ellos no quieren sacar nada de esto, la gente miente, su perspectiva es errónea, por lo tanto, todos mienten.* [Transcripción de la Corte, p. 2989]

El Abogado del Distrito Valdez luego presentó un calendario del mes de marzo, 1995, y lo llamó "anatomía de un asesinato," resaltando cada evento importante, cómo una cosa llevó a la otra, y como los eventos antes del asesinato de Selena comprobaban que Saldívar estaba "actuando intencionalmente." Apuntó al 9 de marzo, el día que mis hijas y yo nos reunimos con Saldívar y la cuestionamos acerca de los documentos y el dinero que faltaba, diciendo—La acusada no tiene una respuesta en ese momento, pero hay una confrontación. La primera confrontación que pone todo lo demás en movimiento. La siguiente mañana se le dice que salga de la oficina de Q Productions. El siguiente día, ella compra una pistola. El 13 de marzo recoge el revólver. Durante todo este tiempo ella está mintiendo acerca de porqué quiere la pistola y luego porqué la regresa. El día siguiente ella está en México, a petición de Selena, para obtener la documentación que Selena necesita para impuestos y para el negocio. Skurka llevó a las personas en la sala de juicios hasta el 26 de marzo, cuando Selena le dice—*"Solamente dame mis archivos. Voy a terminar con todo."* Exactamente al día siguiente, Saldívar regresa a *A Place to Shoot* para comprar de nuevo la pistola que recién había regresado.

Luego, el 30 de marzo, sus planes fueron destruidos cuando Chris acompañó a Selena durante su reunión con ella. Después, el día más obscuro, el 31 de marzo, Selena se ofrece para llevarla al hospital, con la esperanza de que le dé la documentación que falta. El Sr. Valdez dijo—Después de regresar al cuarto del hotel Selena recoge sus archivos y dice, *"Hasta aquí llegamos." Y al empezar a caminar para salir por la puerta del cuarto, la vida de Yolanda, la vida de la acusada, todo lo que había tenido en su vida, todo lo que tenía que la hacía valer algo en esta vida . . . ella era la mujer que se consideraba la mano derecha de Selena. Con Selena podía ir a cualquier parte, y su vida entera se estaba escapando por esa puerta.* [Transcripción de la Corte, p. 3049]

Valdez ofreció tres puntos: Primero, al ser acusada de robo, ella (Saldívar) no tenía en donde esconderse. Segundo, su mundo emocionante de los espectáculos se estaba terminando. Y, finalmente, tercero, me odiaba por haber descubierto sus mentiras y su maldad. Valdez agregó—Ella (Saldívar) lo odiaba (a Abraham Quintanilla), porque él se interpuso entre ella y Selena, y ella lo odia absolutamente. Y cuando ella dice—no quise lastimarla. No fue mi intención lastimarla. No traté de lastimarla, puede que haya un grano de verdad en eso. La persona a la cual ella quería lastimar era a Abraham Quintanilla y, ¿Cómo puedes lastimar a Abraham Quintanilla? No le tiras un disparo a él. Una mente diabólica va a dispararle a la persona que él ama con toda su alma. Ella asesinó a la hija de Abraham Quintanilla, y eso le dolería a él, le enseñaría una lección. Y la llamó una puta. Eso es exactamente lo que sucedió ese día. No fue un accidente. [Transcripción de la Corte, p. 3051]

Creo que Saldívar sí me odiaba profundamente por haber descubierto su robo y sus mentiras. Por eso, ella perdió todo lo que nosotros, como familia, le habíamos dado. Yo no le hice nada malo, pero al no querer tomar responsabilidad por sus acciones criminales, ella me culpó. Obtuvo su falsa venganza al asesinar a mi hija.

Valdez agregó que el equipo de la defensa acusó a la policía de tratar de incriminar a su clienta, que todos estaban tratando de esconder cosas y retorcer las palabras. El equipo de la defensa también había acusado al equipo de enjuiciamiento de querer ganar el caso solamente para avanzar sus carreras, para ayudar su propia (Valdez) carrera política. Valdez preguntó al jurado—saben porqué dijo cosas como esas? Hay una razón para eso. Es para quitar el enfoque de la persona que es culpable, allí. La que se pone de pie, desafiante cada vez que la apuntan, ella se pone de pie desafiantemente. No dice nada, pero te mira y es muy desafiante contra todos los que la apuntan, ella es quien es la responsable y ella es culpable.

Valdez continuó—el equipo de la defensa culpa a todos los demás. Ustedes culpan al Sr. Quintanilla, es su culpa. Culpan a la familia Quintanilla, es su culpa; culpan al departamento de policía, es su culpa; culpan al equipo de enjuiciamiento, es su culpa. Es la culpa de todos los demás, excepto la persona que realmente tiene la culpa, la que cometió el crimen. [Transcripción de la Corte, p. 3035]

Con una respuesta a la pregunta del equipo de la defensa—¿Qué querría Selena? El Sr. Valdez dijo—*Yo creo que, si Selena estuviera aquí, ella querría justicia en este caso . . . Yo daría cualquier cosa porque esas puertas de atrás se abrieran y ella entrara con su sonrisa, la sonrisa que ilumina un lugar entero, y que se sentara con sus padres y con su esposo y les dijera—Papá, Mamá, vamos a casa.* [Transcripción de la Corte, p. 3052]

Eso es lo que Selena hubiera querido. Hubiera querido irse a casa, estar con su familia y con su esposo, y hacer planes para mañana.

El veredicto

Tomó al jurado dos horas y veintitrés minutos para llegar a un veredicto. Carlos Valdez describe en su libro lo que sucedió

216

después—El Juez Westergren tomó la forma del veredicto de manos del alguacil y la estudió por unos cuantos segundos. Parecía que la miraba por unas cuantas horas mientras estábamos allí, en suspenso sin saber cuál era el veredicto. Finalmente levantó la vista de la forma y miró hacia la mesa de la defensa—Que se ponga de pie la acusada, por favor—dijo el juez con un tono solemne. Saldívar y Tinker ambos se pusieron de pie y de frente al jurado. El Juez Westergren empezó a leer el veredicto—En la causa número 95-CR-1787-F el Estado de Texas contra Yolanda Saldívar, nosotros, el jurado, en la causa con el número y título mencionados arriba, encontramos a la acusada, Yolanda Saldívar, culpable en la ofensa de asesinato como se alega en la acusación. [Justicia para Selena, p. 400]

Culpable de asesinato en primer grado. No hubo una gran reacción de parte de mi familia. Yo estreché fuertemente la mano de Marcella. Suzette nos abrazó. A.B. y su esposa estaban llorando. Chris miraba hacia el piso. ¿Qué podíamos hacer? Nada podía regresarnos a Selena, nada que ningún ser humano o la ley pudieran hacer lograría quitarnos el gran dolor que nos embargaba.

La sentencia

Durante la fase de la sentencia en el juicio, ambos lados, los abogados de la parte acusatoria y de la defensa, presentaron sus opiniones acerca de lo que creían sería una sentencia justa. Tinker recordó al jurado que él había hecho lo que había prometido, él nunca habló mal de Selena, y que nada de lo que pudieran hacer a Saldívar podía nunca traer a Selena de regreso.

Él quería que el jurado seleccionara una sentencia probatoria. Estaban sugiriendo probatoria sin tiempo en la cárcel.

El Sr. Valdez y el Sr. Skurka presentaron su opinión acerca de la sentencia. El Sr. Skurka recordó al jurado que la meta era de hacer justicia y si ellos estaban de acuerdo con esa meta, Saldívar—debería ser castigada con la sentencia máxima que ustedes puedan darle, eso sería justicia. [Justicia para Selena, p. 415] El Sr. Valdez escribió en su libro quería recordar al jurado que—Esto no fue tan solo un asesinato, fue una ejecución. Dijo, recalcando el hecho, que Saldívar le había disparado a Selena por la espalda. La sentencia probatoria no sería apropiada. Enfatizó—¡No tan sólo no, sino DE NINGUNA MANERA! Cerró pidiendo "prisión de por vida." Valdez se dirigió a la fotografía que la parte acusadora había mostrado en la sala de juicios durante los procedimientos, y terminó con—Les estoy pidiendo, en nombre de la hermosa voz, la voz de oro que dio alegría a millones de personas. Una voz que fue silenciada el 31 de marzo. [Justicia para Selena, p. 416]

El jurado luego salió para deliberar y llegar a una conclusión de cuál sería la sentencia para Saldívar.

Luego sucedió algo que me dejó helado. Aún hoy no puedo creer lo que vi con mis propios ojos. Mientras todos en la sala de juicio esperábamos para que regresara el jurado, vi a un alguacil acercarse a Saldívar y darle su pase para la corte, pidiéndole que se lo firmara. después de que ella lo firmó, otros cuantos espectadores y gente de la prensa hicieron lo mismo, pidiendo que les autografiara sus pases para la corte. Pensé para mí mismo, ¡Qué cosa más increíble! ¿Qué es esto? ¿Qué está pasando? ¿La acaban de sentenciar por el asesinato de Selena y quieren su autógrafo?

El Sr. Valdez escribió en su libro—Ella se sentó en la silla, rodeada de personas encargadas del cumplimiento de la ley esperando su autógrafo, y ella autografió todos los artículos que le pasaran, como si fuera una superestrella de rock que acababa de dar su máximo concierto. Parecía estar disfrutando y deseando toda la atención que se le estaba dando. [Justicia para Selena, p. 416-7]

Una vez más, sólo puedo decir, "¡Qué mundo en este que vivimos!"

Tomó al jurado nueve horas en más de dos días de deliberaciones para llegar a un acuerdo sobre la sentencia y regresar el acuerdo a la sala de juicios. El Juez Westergren preguntó si el jurado había llegado a un veredicto. La persona líder del jurado dijo—Sí. El alguacil recibió la declaración escrita del jurado, la entregó al juez, quien la leyó en silencio, sin dar ninguna idea de lo que decía. El juez dirigió a Saldívar para que se pusiera de pie y frente a frente con el jurado, luego leyó—*Nosotros, el jurado, habiendo encontrado a Yolanda Saldívar culpable de la ofensa de asesinato como se alega en la acusación, aquí establecemos su castigo en confinamiento DE POR VIDA en la División Institucional del Departamento de Justicia Criminal de Texas.* [Justicia para Selena, p. 420]

Mi familia y yo estábamos callados cuando escuchamos la sentencia. Al igual como el veredicto, no encontramos ninguna alegría en las palabras del juez. Estábamos sollozando, emocionalmente exhaustos.

Los miembros de la familia de Saldívar estaban gritando y llorando fuertemente. Yo había perdido a mi hija querida. Y ellos también perdieron a una hija. Podemos entender sus emociones. La diferencia es esta: Ni ese día o aun después de todos estos años, ellos no se nos han acercado, y nunca he escuchado o leído, que ellos creyeran que su hija había hecho algo malo. Siento como si ellos la han defendido como si ella fuera una víctima de las circunstancias. Y eso es algo incomprensible para mí.

Después de que el jurado llegó a su veredicto, cientos de fans de Selena llenaron las calles alrededor de la Corte y aplaudieron por la justicia. En nuestra ciudad de Corpus Christi, los admiradores manejaron sus carros y camionetas y sonaban el claxon, felices de saber que se había hecho justicia en el asesinato de su amada Selena.

La carretera construida con mentiras

Para mi parecer, el equipo de la defensa presentó muchas mentiras como si fueran verdad, lo cual me imagino que empezó con Saldívar. Yo no la amenacé. Yo no la violé. Ella no compró una pistola para defenderse a ella misma y a sus pacientes. De hecho, ¡ella no tenía ningún paciente! Su papá no le compró una pistola. Ella no había sido violada en México. Sus ropas no estaban desgarradas cuando se registro en el Days Inn. La pistola no se cayó de su bolsa. El disparo no fue accidental. Y, ella sabía que le había disparado a Selena. Por la gracia de Dios y de las cortes, la mayoría de las mentiras fueron disputadas por testigos y por el Sr. Valdez.

Aun después del juicio, las mentiras de Saldívar continuaron. En una entrevista desde la cárcel, dijo que Selena tenía un doctor que era su amante en Monterrey, México. Dijo que la mañana en que asesinó a Selena, que Selena había llevado un veliz con ropa al motel porque de allí se iba a escapar con el doctor.

Esa historia falsa la cubrieron todos los medios. La verdad es que la policía nunca encontró un veliz en ese cuarto. Todo lo que había allí eran las llaves del carro de Selena y el teléfono celular que había dejado tirado al tratar de huir de Saldívar. El reporte de la policía claramente establece que no se había encontrado un veliz en el cuarto 158. [Reporte de la Policía de Corpus Christi 31 de marzo, 1995]

De alguna manera, aquellos que apoyaban a Saldívar hicieron lo que podían para quitar el enfoque lejos de la verdad. La hermana de Saldívar una vez convocó a una rueda de prensa para mostrar el veliz que ella decía que Selena le había dado a Yolanda, el veliz de "escape" que Selena iba a usar para irse a México. Los únicos artículos en el veliz eran dos trajes para actuaciones. Yo digo, si una persona va a dejar a su esposo, se llevaría más ropa que sus trajes para presentaciones.

Se escribió un libro acerca de mi hija por María Celeste Arrarás. En mi opinión, ella es una oportunista buscando usar la tragedia de nuestra familia para su beneficio personal. El libro, por lo que he escuchado, porque no lo he leído, está repleto de mentiras y medias verdades. Por lo que he escuchado, la telenovela producida basándose en ese libro no fue muy bien recibida por el público. Tomaba el punto de vista de Saldívar, una asesina condenada. ¿Quién rayos quiere saber de ella? Eso tan solo muestra qué tan enfermo está el mundo hoy.

El final de la carretera

Desde la muerte de mi amada hija Selena, mi familia y yo hemos dedicado cada momento para proteger y honrar su corta vida. Antes de que empezara el juicio, escribimos una declaración que fue leída a los medios de comunicación. Queríamos que el público supiera que nosotros, la familia Quintanilla, no le guardábamos rencor a la familia de la acusada. Continuaríamos haciendo realidad los sueños de Selena, incluyendo el lograr que los estudiantes se queden en las escuelas al establecer una organización que apoye la educación de generaciones futuras. No permitiríamos que esa obscuridad opacara la luz de Selena.

Odio lo que hizo Saldívar. Aún así, nunca pienso acerca de ella. Pienso que, si tuviera odio en mi sistema, me enfermaría. Tengo ochenta y dos años de edad ya y si cargara esa cantidad de odio por todos estos años, ya me hubiera muerto hace tiempo. Por más de veinticinco años, ella nunca ha demostrado ningún remordimiento y, así, en mi opinión, continúa tratando de lavarse las manos y limpiar las manchas de sangre que le dejaron sus propias acciones. Esas manchas nunca desaparecerán, no importa cuántas mentiras se digan.

La Biblia nos habla acerca de la condición de la humanidad hoy. En 2 Timoteo 3:1-5, está escrito:

"Pero sepan esto, que en los postreros días vendrán tiempos peligrosos. Porque habrá hombres amadores de sí mismos, avaros, vanagloriosos, soberbios, blasfemos, desobedientes a los padres, ingratos, impíos, sin afecto natural, implacables, calumniadores, intemperantes, crueles, aborrecedores de lo bueno, traidores, impetuosos, infatuados, amadores de los deleites más que de Dios, que tendrán apariencia de piedad, pero negarán la eficacia de ella."

El versículo 7 nos dice que *"estamos siempre aprendiendo y aun así nunca somos capaces del conocimiento exacto de la verdad."*

Jehová, en toda su sabiduría, está llevando todo esto a un final.

CAPÍTULO ONCE

Anécdotas y recuerdos de Selena

Fotos y Recuerdos

El viajar juntos como una familia, trabajar juntos, crear música juntos fue una época maravillosa en nuestras vidas. Fue verdaderamente el mejor de todos los tiempos.

Yo diría que la mayoría de las miles de horas que pasamos juntos, las pasamos en la carretera manejando de pueblo en pueblo, tocada en tocada, de baile en baile. Usualmente yo era el chofer, con A.B. como mi relevo. Marcella hacía lo mejor que podía para guiarme con las direcciones de mapas que se doblaban. Direcciones que yo no seguía siempre. Selena, Suzette y A.B.

pasaban el tiempo de viaje charlando, bromeando y leyendo. Los miembros del grupo musical se convirtieron en parte de la familia y, juntos, cantaban y escribían canciones mientras nos trasladábamos hacia el siguiente salón de baile. Disfrutábamos de lo que hacíamos: tocar nuestra música y conocer nueva gente en todos los lugares a donde íbamos.

Hoy, estos son los buenos recuerdos que nosotros, Marcella, Suzette, A.B. y yo, disfrutamos compartiendo entre nosotros. Tal como en la letra de la canción, "sólo fotos y recuerdos," estos son fotos del amor, la diversión, la emoción, las bromas y las risas que disfrutamos en la carretera. Quiero ahora compartir algunos de esos recuerdos y espero que ustedes se reirán y sonreirán junto con nosotros.

¡Agarra otra galleta!

Todos hacíamos cosas que hacían que los demás se rieran, pero Selena lo hacía más que todos los demás. Ella era una persona feliz, llena de vida. Y le encantaba jugarnos bromas. Una vez, mientras todos estábamos esperando en los camerinos para un evento, ella trajo un paquete de galletas Oreo y quitó todo el relleno blanco de cada una de ellas, y luego lo reemplazó con pasta de dientes. Ella cerró el paquete y cuando pasé me preguntó—Oye, papá, ¿Quieres una galleta? A mí me encanta todo lo dulce, y le contesté—Por supuesto. Marcella, A.B. y Suzette pararon todo lo que estaban haciendo y miraron como desaparecía una galleta dentro de mi boca. Debí habérmela comido de una sola mordida, porque no me supo a nada extraño. Le pedí a Selena otra galleta y ella me la dio con mucho gusto. Marcella dijo—¡Abraham, no te comas esas galletas! pero me las comí de cualquier manera. Esta vez mordí la galleta y el sabor era diferente a la crema dulce de las galletas Oreo. Yo dije—¡Rico… sabe a menta! Todos empezaron a reírse a carcajadas. Fue entonces que me di cuenta, que Selena me había jugado otra de sus bromas.

Cucharada con amor

Cada vez que íbamos a un pueblo nuevo nos reuníamos con gente y fans que se convertirían en nuestros amigos. Cuando regresábamos a algunos pueblos, ya teníamos allí a personas que habíamos conocido y que ya eran como parte de nuestra familia. También, muchas veces después de un baile, nos hacían invitaciones para ir a la casa de algunas personas para comer. A mí usualmente no me gustaba eso. Yo disfruto socializar, pero para nosotros el tocar nuestra música era nuestro trabajo. Y, cuando terminas de trabajar, te vas a tu casa. Eso quería decir que nos íbamos al hotel o emprendíamos un nuevo viaje a la siguiente tocada.

Una vez después de una presentación, un fan nos invitó a todos a que nos uniéramos a él y a su familia—Hicimos menudo. ¡Vengan y cenen con nosotros! Esa vez estábamos cansados y con hambre, así es que aceptamos la oferta de ir a la casa de esa familia. Nos sentamos todos alrededor de la mesa, Selena, Suzette, A.B. Marcella y los miembros de la banda. La esposa del fan nos sirvió a cada uno un tazón de menudo caliente y humeante, ¡y todos empezamos a emocionarnos adivinando de antemano el sabor delicioso de esta sopa mexicana de pancita de res y maíz! Agarramos nuestras cucharas y cada uno se llevó a la boca una cucharada de ese menudo casero y, ¡Oh, sorpresa! ¡Era el peor menudo que habíamos comido en nuestras vidas! ¡El peor! Todos empezamos a ver nuestras cucharas y luego nos mirábamos uno al otro, sin saber qué decir o qué hacer. El caballero que nos había invitado estaba de pie cerca de mí, y me preguntó con su amplia sonrisa—¿Cómo le gustó, Señor Quintanilla? Me armé con mi mejor sonrisa y le contesté—Esta bien. Él me sonrió de nuevo y le dijo a la esposa—¡Échale más aquí!

Comimos justo lo menos que pudimos y salimos de allí lo más rápido que pudimos.

El caso del capó abierto

A A.B. le gusta mucho contar esta historia, así es que dejaré que él se los cuente.

Mi papá tenía una obsesión de no desperdiciar nada, especialmente el dinero. A veces lo molestábamos por ser tan estricto con el dinero, pero una vez que empecé a correr mi propio negocio, empecé a comprender todo lo que aguantó cuando nosotros bromeábamos acerca de eso. Mi papá sabía que tu bienestar financiero depende de otra gente y que, si esa gente no lo toma en serio, puedes meterte en problemas.

Frecuentemente él quería llegar al lugar del siguiente evento súper temprano. Mi papá solía decir—Vamos a llegar allí seis horas antes. Todos nosotros nos quejábamos y lamentábamos, preguntando qué íbamos a hacer por seis horas. Él contestaba—Hijo, es mejor llegar temprano. Eso significa que estás allí y que vas a ganarte tu dinero.

¿Porqué tomar el riesgo en la carretera de que el carro se descomponga y no podamos llegar a la presentación?

Una vez, íbamos ya rumbo a casa después de una presentación y paramos a poner gasolina. Mi papá entró a la tienda de abarrotes a comprar algunas meriendas y yo empecé a poner la gasolina. Uno de los muchachos saltó de la vagoneta y empezó a jugar, empujándome y haciendo alarde como si me pegara. Estábamos corriendo alrededor de la vagoneta estilo gato y ratón, como si fuéramos niños. Estamos jugueteando y yo no observé la bomba de gasolina. La gasolina siguió saliendo aun después de que el tanque estaba lleno. Finalmente noté que el suelo estaba mojado. Miré hacia abajo y noté un charco de gasolina alrededor de la vagoneta. Estábamos tratando de ahorrar hasta el último centavo y yo había desperdiciado cuando menos $10 dólares de gasolina. Yo estaba enojado y asustado cuando vi que mi papá regresaba a la vagoneta. Luego me preguntó—¿Cuánto fue? Se me olvida la cantidad exacta, pero, cualquiera que haya sido, era mucho más de lo que debía haber costado.

Finalmente, él se percató del lago de gasolina alrededor de la vagoneta y pregunta—¿Tú hiciste eso? Le expliqué que yo pensaba que la bomba se iba a parar automáticamente. Él me preguntó qué es lo que estaba haciendo que no noté el derrame. Le contesté—Jugueteando, justo lo que me habías dicho que no hiciera. Para entonces mi papá está sumamente enojado y moviendo su cabeza—¡No puedo creer esto! Luego, como siempre hacía después de poner gasolina, papá revisó el aceite. Sacó la varita del aceite, la limpió, la metió de nuevo, luego la sacó de nuevo para revisar el nivel del aceite. Todo ese tiempo continuó balbuceando acerca de mi error.

Terminando de revisar el aceite, aventó el capó para cerrarlo y nos fuimos por la carretera, mi papá como chofer. Estamos en la carretera como por un minuto y él todavía me está diciendo—Hijo, no puedo creer que desperdiciaste todo ese dinero en gasolina derramada. Aceleró el motor un poco y ¡CATAPLUM! El capó de la vagoneta se había abierto completamente hasta arriba, rompiendo el parabrisas y doblándose hacia adentro. Mi papá dijo—¡No puedo creer que esto haya pasado!!Primero la gasolina y ahora esto! Estacionó la vagoneta, se bajó, aventó el capó de la vagoneta para cerrarlo, y seguimos nuestro camino en la carretera. Tendríamos apenas un minuto en la carretera cuando, ¡CATAPLUM! ¡El capó se había abierto de nuevo! Esta vez rompió el parabrisas en mil pedazos. Papá tuvo que manejar de regreso a casa a veinte millas por hora. Y yo aprendí una lección de mucho valor: no juguetear, cuando menos no hacerlo cuando estés poniendo gasolina.

El trasero que no cabía

En uno de nuestros muchos viajes, todos bajamos del autobús para ira a comer a un restaurante. Como siempre, yo cerré el autobús con llave, lo cual significaba el mover la manecilla en la puerta de abierto a cerrado. Después del almuerzo regresamos al autobús y, para mi sorpresa, me di cuenta de que había dejado las llaves adentro del autobús.

Esperando que hubiera dejado la ventanilla del lado del chofer abierta, corrí para revisar, y miré que esa ventanilla que se deslizaba era de unas catorce pulgadas de largo y unas ocho pulgadas de alto, y estaba abierta. Selena rápidamente dijo— Papá yo puedo entrar por esa ventana y entrar para abrir el autobús. Yo le contesté—No hay manera que tu quepas. Está muy pequeña. Pero ella insistió.

Así es que los muchachos la levantaron hasta alcanzar la ventanilla. Pudo meter su cabeza y sus hombros adentro, luego metió los brazos, después entró hasta la cintura. Ella continuó apretando su cuerpo para entrar, y lentamente lo estaba logrando hasta que llegó a su trasero. Ahora había quedado atrapada allí. ¡Qué desastre! La empezamos a jalar para sacarla de la ventana, pero era tan difícil sacarla de la ventana que empujarla. ¡Empecé a sentir pánico! Quería romper la ventana para sacarla. pero Selena por fin se escabulló y salió del aprieto. Todos empezamos a reír, pero ella empezó a llorar porque no había podido abrir el autobús. No recuerdo cómo logramos abrir el autobús finalmente, pero recuerdo con cariño toda la determinación que demostró Selena ese día y siempre.

La cárcel de Beeville

Era nuestra segunda presentación. Habíamos tocado en Karnes City. Nos pagaron $350 dólares. Tomando los gastos en cuenta, yo sabía que íbamos a quedarnos sin dinero. Para ahorrar gastos, no nos quedamos allí esa noche y procedimos a irnos después del baile, a retomar la carretera.

Eran como las dos de la mañana cuando empezamos nuestro viaje de aproximadamente 390 millas rumbo a casa. Yo iba manejando y quería que todos llegaran a dormir en sus propias camas antes de que saliera el sol. Selena iba sentada en el asiento de enfrente, enseguida de mí. Todos los demás estaban dormidos. Una hora después de emprender el viaje, Selena miró un rótulo que decía "Beeville a 10 millas." Volteó hacia mí y me dijo—Papá, tengo hambre. Quiero parar a comprar una hamburguesa en Whataburger. Para aquellos que no saben, Whataburger es la mejor hamburguesa en el mundo, y la mejor comida para los que viajan por carretera. ¡Es redundante decirlo, pero hemos comido MUCHAS hamburguesas de Whataburger!

Yo iba como a setenta y cinco millas por hora, y en la obscuridad alcancé a ver que nos acercábamos rápido a la salida Business 181. Jalé los manubrios de la vagoneta para alcanzar a salir e inmediatamente vi en el espejo retrovisor que se encendieron las luces rojas y azules de una patrulla justo detrás de nosotros. Una patrulla de la policía de caminos nos estaba parando. El oficial me pidió mi licencia y luego fue a su patrulla. Después de unos minutos, regresó y me dijo—Señor Quintanilla, sígame a la delegación de policía.

Lo seguí aproximadamente por una milla hasta que llegamos a la pequeña delegación de policía del pueblo. Era una noche fresca, pues ya era casi invierno. Selena todavía era la única que estaba despierta en el carro. Cuando llegamos a la delegación le dije que cerrara todas las puertas con llave y dejara que todos los demás durmieran. Luego caminé hacia la delegación de policía. Lo primero que noté fue cuando menos cincuenta pares de zapatos y botas alineados contra la pared. Eso me pareció extraño.

El oficial me dijo que sacara todo lo que traía en las bolsas y que me quitara los zapatos. Le pregunté por qué y él me contestó—Usted va a la cárcel. Hay una orden de arresto en su contra. O puede pagar la multa.

Resulta que yo tenía una multa pendiente de $600 dólares, por manejar a alta velocidad. Regresé al carro, tomé los $350 dólares que nos acababan de pagar, desperté a todos los que venían en el carro y colecté todo el dinero que traían, y fui a la pequeña delegación a pagar la multa.

Me dejaron libre.

Al salir de la estación de policía, pregunté acerca de los zapatos alineados afuera. El policía respondió—Cuando ponemos a la gente en la cárcel, se enojan y se empiezan a pelear. Les quitamos los zapatos para que no lastimen a nadie.

Regresamos a la carretera, esta vez sin un centavo en nuestros bolsillos. Ni siquiera un dólar para la hamburguesa de Whataburger que Selena quería. Cuando llegamos a casa, mi querida hija fue directo a la cocina y sin quejarse, se preparó un huevo estrellado.

Una orden de papitas fritas, por favor

A Suzette le encanta contar esta historia acerca de su hermano A.B. ¡También me hace reír mucho!

Esto sucedió a los inicios de nuestra carrera cuando apenas empezábamos a hacer presentaciones. Salíamos de viaje a menudo y la mayor de las veces sin dinero en nuestros bolsillos. Éramos tan pobres, que cuando mi papá nos llevaba a comer a Whataburger, nos compraba una hamburguesa a cada uno, pero teníamos que compartir una orden de papitas fritas. Nos sentábamos todos en el carro comiendo nuestras hamburguesas, con la orden de papitas fritas en medio de los asientos de enfrente. Conversábamos mientras comíamos nuestras deliciosas hamburguesas y cada uno un par de las papitas compartidas. De lo que nunca nos dábamos cuenta es que, mientras todos hablábamos y comíamos, A.B. se ponía listo y, sin tocar su hamburguesa, empezaba a comerse las papitas fritas. Selena y yo no nos dábamos cuenta de lo que A.B. estaba haciendo. Estábamos muy ocupadas hablando y comiendo. No habíamos notado nada, pero a la tercera o cuarta vez que sucedió, Selena dijo—¡Oye, espera un momento! ¿Qué pasó con todas las papitas fritas? Y A.B. se hizo el despistado diciendo—¿Qué? ¡Él sabía que se había estado comiendo todas las papitas! ¡Fue así como descubrimos que A.B. hacía desaparecer las papitas fritas mientras nosotros hablábamos!

¡El tren, el tren!

Cuando A.B. manejaba, yo me sentaba al lado de él, en el asiento del pasajero. Usualmente reclinaba mi cabeza contra la ventana y me quedaba dormido. En una ocasión, sin que yo me diera cuenta, pues estaba dormido, A.B. se detuvo en una pequeña tienda de abarrotes en un pueblito para comprar unos bocadillos. El estacionamiento estaba directamente atrás de la tienda. A.B. estacionó la vagoneta y todos se bajaron a comprar sus meriendas, dejándome dormido en mi asiento. Yo estaba aun dormido cuando regresaron con sus bocadillos y se sentaron en la vagoneta a saborearlos. Luego, súbitamente, en mi sueño, escuché el silbato de un tren, fuerte y claramente, ¡WUUUU, WUUUU! Sentí que el suelo se empezaba a estremecer. Mi cabeza todavía estaba reclinada sobre la ventana y, cuando abrí los ojos, pude ver que el tren venía a toda velocidad ¡directo hacia nosotros! Las luces del tren se acercaban más y más. ¡El silbato chillaba más y más fuerte! ¡WUUUU! ¡WUUUU! ¡Debe haber sido una ilusión óptica, pues del ángulo en que yo estaba, se veía como si el tren estuviera viniéndoseme encima! Grité a todo pulmón--¡Aaaaaaaaah! y salté al otro lado para agarrar el volante.

Enseguida escuché a A.B., amable y tranquilo, decirme— Papá, despierta. Después de recuperar la cordura, miré a mi alrededor y todos estaban riéndose de mi dramática actuación en sueños.

La misteriosa lata de Coca-Cola

Este es el relato favorito de Marcella acerca de una broma práctica de Selena. Dejaré que Marcella se los cuente.

Hay ocasiones en que no puedo ver los videos de Selena. Miro uno y empiezo a llorar. Hay otras veces, sin embargo, cuando puedo sentarme y mirar videos de ella y de todas las cosas divertidas que decía y hacía. Me siento y me gana la risa al recordar los buenos tiempos.

Una de esas ocasiones fue cuando Selena tomó una lata de Coca-Cola y, no sé cómo, le hizo un agujerito justo abajo del borde de la tapa. Enseguida, ella y Suzette le ofrecieron la lata de Coca-Cola a Abraham. Sin pensarlo dos veces, Abraham tomó la lata, la abrió y tomó un poco. Cayeron unas cuantas gotas de la bebida en su camisa. Se limpió la camisa y luego tomó un poco más. Unas cuantas gotas más cayeron sobre su camisa. Abraham creyó que la condensación de la lata causaba que sudara y la limpió con una servilleta. Luego tomó de nuevo. Ya para entonces, Selena y Suzette estaban haciendo todo lo posible por no soltar las carcajadas. Finalmente, Abraham pregunta— ¿Qué rayos pasa con esta lata? Levanta la lata, la mira detenidamente, pero no puede detectar el agujerito justo abajo del borde. ¡Toma otro trago y, una vez más, las gotas caen sobre su camisa! Fue entonces que ya no pudimos aguantar y no podíamos parar de reír.

¡Oye, Bufi!

Suzette tiene muchos recuerdos de cuando viajábamos por carretera. Éstos son dos de los favoritos que le gusta compartir.

Yo llamaba a mi hermana "Sel" y aun lo hago hasta hoy. También nos llamábamos una a la otra "Bufi," lo cual era una abreviación para, y no se escandalicen, "Búfalo." A una amiga de nosotras, Karen, le gustaba llamar a todas "Bufi," pero tenía más el significado de "amiga." De ninguna manera nos estábamos diciendo que nos mirábamos como búfalos o que estábamos sobrepeso. Les aseguro que el sobrenombre era de cariño.

Un día, Sel y yo estábamos en un centro comercial, de compras. En esa época nuestra popularidad estaba aumentando. Grité de un lado de una hilera de ropa al otro lado para mostrarle una blusa muy bonita—¡Oye, Selena! Ella me miró con esos ojos que me comunicaron—¡Cállate la boca! Ella no quería que la reconocieran. Quería pasar desapercibida. Caminé tranquilamente hacia donde estaba ella y susurré en su oído—¿Cómo quieres que te llame? Y ella contestó— Sólo llámame "Bufi."

Pantaloncillos cortos y botas largas

Me encanta este relato acerca de mi hermana. Estábamos en San Antonio, listos para tocar en la celebración de la Semana de Fiesta. Nuestro espectáculo estaba pautado para La Villita, en la Plaza Juárez. Ya para entonces teníamos un autobús y estaba estacionado cerca, en la calle. El autobús tenía tres compartimientos, cada uno separado por una puerta. Si entrabas al frente entrabas a un área de recepción, con asientos. Luego tenías que abrir la puerta para pasar al área siguiente, la cual tenía camas literas, y luego la tercera puerta, que daba al área donde Selena y yo teníamos nuestros lugares para dormir y nuestro camerino.

Selena y yo nos estábamos preparando para el concierto. Yo me estaba poniendo el maquillaje y, por el espejo, vi como Sel esculcaba su veliz y se probaba diferentes vestuarios. Finalmente, parecía

*satisfecha con lo que se había puesto y dijo—Te veo afuera. Aún mi-
rándola a través del espejo, le dije—¿Vas a usar eso en el escenario?
Se había puesto medias de rejilla de red y un tipo de pantaloncillos
que dejaban entrever parte de su trasero, un poco, pero visible, justo
en la línea. Y, se había puesto unas botas que le llegaban a las rodillas. Siempre me encanta el gusto y el estilo de mi hermana en ropa
y vestuario para actuaciones, pero eso se pasaba de la raya. Ella definitivamente había cruzado la línea. Le dije—Papá no te va a dejar
usar eso. Recordemos que entonces ella ya tenía diecinueve o veinte
años. Marchó decidida hacia la puerta y me dijo—Voy a ponerme lo
que quiera ponerme. Nadie me va a decir lo que debo usar. Ya estoy
lo suficientemente grande para decidir lo que me voy a poner. Yo le
contesté—Sí, pero no te ves bien. Te ves barata. Es demasiado. Aún
desafiante, me dijo—¡Voy a ponerme lo que voy a ponerme! Ya para
entonces ella estaba enojada conmigo por no estar de acuerdo con lo
que se había puesto, y sale, aventando la puerta, fuertemente. Luego
la escucho caminar, abrir la otra puerta y aventarla, fuertemente, y la
otra, la cierra fuerte. No las aventó muy fuerte, pero lo suficiente para
dejarme saber que no estaba contenta conmigo.*

*No habían pasado ni dos minutos desde que se había ido, cuando
escuché que la primera puerta se abrió y se cerró. Y escuche sus botas, taconeando en el piso. Luego escuché la segunda puerta abrir y
cerrarse. Y los tacones pisando firmemente. Luego abrió la puerta a
nuestra área y, sin decir una sola palabra, empieza a esculcar entre
toda su ropa en el veliz. Nuestra mamá llega y se para en la puerta.
Intercambiamos miradas y, no pude evitarlo, empecé a reírme. Ya lo
sabía, pero tenía que preguntar—¿Qué pasó Sel?*

*Ella está aventando ropa por todo el cuarto y me dice—¡Papá dijo
que no puedo usar esto y eso me hace enojar porque ya estoy lo suficientemente grande para decidir que me voy a poner! Siguió hablando*

para sí misma, enojada, luego volteó para ver a mamá—¡Mamá! Dile a papá… Mi mamá dijo—Tal vez debes de bajarle un poco de tono. Y yo agregué—No puedes subir al escenario de esa manera. Pero Selena no quería escuchar nada más. Finalmente, se cambió de vestuario y se sentó allí, enojada—Eso no está bien. Soy lo suficientemente grande para decidir. Se quedó sentada allí, enojada, hasta que se llegó la hora de la actuación. Sel subió al escenario y cuando lo hizo, ¡tuvo una actuación espectacular!

¡Fuego! ¡Fuego!

Acabábamos de tocar en un baile en el oeste de Texas y para cuando empacamos los instrumentos y la gente se tomó fotos con Selena, ya era después de la medianoche. Yo iba manejando por la autopista interestatal IH-10, de regreso a Corpus. Como a las 4:30 A.M., me empezó a dar sueño. Desperté a A.B. y le pedí que manejara mientras yo dormía un rato. Nos salimos de la carretera y A.B. tomó el volante. Le dije que se fijara en el nivel de la gasolina y que, cuando estuviera bajo, parara en el siguiente pueblo. Luego me fui al asiento al lado de A.B. y me quedé dormido.

No había dormido por mucho tiempo cuando sentí que la vagoneta empezaba a hacer ruidos extraños y que se quedaba parada. Desperté y me di cuenta de que estábamos estacionados al lado de la carretera. Le pregunté a A.B. qué había sucedido, y él contestó—Lo siento mucho, papá. Se nos acabó la gasolina. Yo le dije—Bueno, tendré que ir al siguiente pueblo y tratar de encontrar gasolina. Era una noche fría, por lo cual le dije que subiera las ventanas y cerrara las puertas con llave. Caminé al lado de la vagoneta y levanté mi dedo pulgar.

Por suerte, el siguiente camión de redilas que pasó me levantó y me llevó al siguiente pueblo, a unas veinte millas de donde quedamos. Para entonces eran las 5:30 A.M. Fui a la primera tienda que encontré abierta, pero no tenían latas para la gasolina. Me fui caminando a tres o cuatro lugares diferentes hasta que encontré una lata de cinco galones. La compré, la llené de gasolina y me encaminé a la autopista. Estaba allí, parado, tratando de conseguir otro aventón de regreso a la vagoneta. Ya eran las 7:00 de la mañana. Estoy parado al lado de la carretera, con una lata de gasolina de cinco galones y nadie se para. Empecé a caminar y luego, en la distancia, escuché un ruido en lo alto del monte—*Tiki, tiki, tiki, tiki.* Pensé, *¿Qué rayos es eso?* Luego justo arriba de la lomita, vi que venía una camioneta negra viejita que se miraba como un cruce entre el Modelo T y una camioneta de Ford. Al acercarse un poco más, vi a un viejito y una viejita sentados en el asiento de enfrente. Eran agricultores de esa área. Se salieron de la auto pista y yo les expliqué que se me había acabado la gasolina y que mi familia me estaba esperando como a veinte millas de allí. Sin pensarlo dos veces, me dijeron—¡Súbete! ¡Nosotros te llevamos!

Y así nos fuimos—*Tiki, tiki, tiki, tiki.*

Unos minutos más tarde, llegamos a donde estaba la vagoneta, pero en el otro lado de la autopista. Di las gracias al agricultor y a su esposa, y empecé a caminar, cruzando la barrera de en medio de la autopista. Lo primero que vi fueron piernas que salían de todas las ventanas de la vagoneta. Luego vi que la cabeza de A.B. se asomaba por la ventana del chofer. Todos estaban profundamente dormidos. ¡Cualquier maleante pudo haber llegado y asaltarlos!

Puse la gasolina en el tanque, desperté a A.B. y le dije que se sentara en el asiento de pasajero y que yo manejaría. Cuando traté de empezar la vagoneta, no encendió. Recordando un truco que usábamos cuando un carro no empezaba, levanté el capó, le quité la tapa al carburador, y eché algo de gasolina allí, luego giré la llave para encenderla de nuevo y ¡BOOM! ¡Hubo una gran explosión! ¡El motor está en llamas! ¡El motor completo está en llamas! Salí corriendo de la vagoneta como una gallina despescuezada, corriendo de lado a lado y lamentándome—¡Dios mío! ¡Dios mío! ¿Qué voy a hacer? Luego recordé que tenía una toalla vieja y grande bajo el asiento del chofer, la cual usaba para revisar el nivel del aceite. Agarré la toalla y traté de apagar el fuego abanicando la toalla, ¡pero eso hizo que la llamas se hicieran más grandes! Corrí al lado de la ventana de la vagoneta, donde todos están todavía dormidos y grité por la ventana—¡Fuego! ¡Fuego!

¡Todos—A.B., Selena, Ricky Vela, Suzette, y Marcella—se despertaron y salieron volados por las ventanas de la vagoneta, como verdaderos soldados saltando de un avión de paracaidistas!

La vagoneta estaba estacionada al lado de la autopista, la cual tenía una pequeña inclinación hacia abajo. Al saltar de la vagoneta, cada uno perdía el balance y empezaron a rodar cuesta debajo de la loma. Por fin pude extinguir el fuego. Los cables de las bujías estaban quemados y habían quedado un poco expuestos.

Con mucho cuidado traté de encender el motor de nuevo y esa vez si funcionó, pero ahora hacía todo tipo de ruidos como *güido, shhhhiiii… shhhiiiii… shhhhiiii.* Manejamos de regreso a Corpus Christi como a treinta millas por hora. Al recordar estos momentos ahora parece gracioso. La moraleja de este relato es que siempre estés al tanto de cuánta gasolina te queda.

Amigos y familia

Hemos tenido muchos miembros del grupo a través de los años y, frecuentemente, al trabajar juntos y al colaborar para crear música, se convierten en parte de la familia.

Ricky Vela era uno de los miembros originales del grupo Los Dinos. Nacido y criado en Corpus Christi, Ricky se unió a Selena y Los Dinos como tecladista en 1981. Ricky también era compositor, y escribió varios de los grandes éxitos de Selena, incluyendo *No Me Queda Más* y *El Chico del Apartamento 512*. Ricky estuvo allí desde que empezamos y contribuyó mucho al éxito del grupo.

En 1989 agregamos un segundo tecladista, Joe Ojeda. Él es de Laredo, Texas. Fue miembro del grupo por un número de años y, después de la muerte de Selena, se fue a tocar con el grupo de Chris Perez, The Chris Perez Band.

Pete Astudillo empezó su carrera musical como cantante de apoyo para el grupo y, después de unos cuantos años, cantó dos duetos con Selena, *Ámame, Quiéreme* y *Siempre Estoy Pensando en Tí*. Pete tenía fluidez en español y colaboró escribiendo algunos de los éxitos de Selena que llegaron al número uno, incluyendo *Amor Prohibido, La Carcacha, ¿Qué Creías?* y *Como la Flor.* También colaboró con Selena, escribiendo *Bidi Bidi Bom Bom.* El fue una pareja de baile sensacional en el escenario con Selena. ¡Esos dos podían enloquecer al público al bailar una cumbia! En 1993 formé un grupo para Pete y lo lancé para que forjara su propia carrera. Después de que murió Selena, él estaba emocionalmente destrozado, y regresó a su pueblo, Laredo.

Uno de nuestros miembros favoritos del grupo era Donald Burnard "Don" Shelton II, ya desaparecido, también oriundo de Corpus Christi. Él era un cantante de apoyo fabuloso para el grupo, y además un gran bailarín. Él murió de cáncer a la temprana edad de cuarenta y siete años.

Otro de nuestros sensacionales cantantes de apoyo y bailarines era Freddy Correa, quien había formado parte del grupo The Barrio Boyzz.

A inicios de 1990, construí mi propio estudio de grabación. Durante los primeros años de la carrera de Los Dinos, nosotros grabábamos en un estudio en San Antonio, propiedad de Manny Guerra. Allí fue donde conocí a Brian Moore, mejor conocido para todos como "Red" debido a su pelo rojizo. No lo conocíamos personalmente. Tan sólo sabíamos que cada vez que íbamos a grabar, Red estaba allí. Sabíamos que era un hombre muy agradable y callado. Y era muy paciente. Eso es lo que más me gustaba de él. Algunos ingenieros de sonido, de mezcla y de grabación no son muy pacientes. Hay que tener mucha paciencia con los artistas, porque cometen errores y tienen que grabar lo mismo una y otra vez. Red era reconocido por ser paciente y una buena persona. Sobre todo, él es un ingeniero increíble. Años más tarde, cuando decidí construir mi propio estudio, llamé a Red y le ofrecí un trabajo. Aceptó mi propuesta y ha estado aquí desde entonces. Han pasado más de veintisiete años desde que se unió a nuestro estudio. Red es una persona maravillosa y mi familia entera lo quiere mucho. Definitivamente él es parte de nuestra familia.

El primer amor, el amor verdadero

El último relato que quiero hacerles es acerca del matrimonio de Selena y Chris Pérez en 1992. Es cierto que tuve objeciones contra esa relación, que Selena y Chris estuvieran juntos por un número de razones. La primera era que ella tenía apenas veinte años de edad y yo sentía que era demasiado joven. Muy joven para empezar una relación seria. Demasiado joven para comprometerse en un matrimonio.

Mi segunda objeción era porque era justo en el momento en que la carrera de Selena estaba alcanzando mucho éxito. Estaba de gira en los grandes estadios. Selena estaba haciendo también muchas experiencias personales. La atención de la prensa iba en ascenso y se había convertido en la voz y la imagen para muchos productos, incluyendo a Coca-Cola y el champú Agree.

Estaba también a punto de grabar un álbum en inglés para incursionar en el mercado general americano.

En ese tiempo yo no conocía muy bien a Chris. No sabía qué tipo de personalidad tenía. En mi mente, yo pensaba, *¿Y qué pasa si este jovencito es uno de esos muchachitos mexicanos o mexicoamericanos que se creen muy machos? ¿Qué pasa si se casa con mi hija y luego le dice—No quiero que sigas cantando?* Entonces, todo el trabajo que hicimos con nuestra familia desde que nuestros hijos estaban muy chicos, todos los sacrificios que hicimos, todos nuestros planes se iban a quedar en nada. Esos eran mis pensamientos entonces. Chris me comprobó que yo estaba equivocado acerca de todo eso. Además de eso, Selena tenía sus metas bien fijas con una fuerte visión para lograr sus sueños.

Aun así, yo sentía que Selena era muy joven para casarse y que debía de esperar. Pues bien, no me escuchó. Selena era dulce y humilde, pero también tenía mucho de mí en su personalidad. Era un poco cabeza dura.

En ese tiempo, Selena vivía en casa con Marcella y conmigo. Esa mañana, Selena entró a la cocina, vestida de manera casual y nos dijo que se iba al centro comercial. Se subió a su carro y nos dijo adiós con su mano, y, lo supimos después, manejó directamente a la corte civil. Chris ya estaba allí, esperándola. Ellos lo tenían todo planeado. El juez de la corte los casó allí mismo, en esos mismos momentos.

Yo no me di cuenta sino hasta el día siguiente, ya para en la tarde. Lo escuché en la radio. Así fue como me di cuenta. Honestamente, cuando lo escuché, sentí una profunda tristeza. Me sentí triste de saber que ella no había escuchado los consejos que le había dado. Recuerdo que lloré mucho. Recuerdo que no pude conciliar el sueño toda esa noche.

Al siguiente día, Selena y Chris llegaron y se estacionaron en la entrada para carros. Chris se quedó en el carro. Tal vez estaba muy asustado para salir. Lo que ven durante la escena en la película, eso es exactamente lo que sucedió. Selena entró a la casa y nos dijo que ella amaba a Chris y estaba feliz de que estaban casados. Luego fue por él y lo pasó a la casa.

Se escaparon para casarse. ¿Qué se podía hacer ahora? No se puede hacer nada. Lo aceptas y la vida continúa. Con el tiempo aprendí más acerca de la personalidad de Chris. Me di cuenta de que amaba mucho a Selena y que la apoyaba en todo lo que hacía y lo que quería hacer. Lo abrazamos y lo amamos como parte de nuestra familia.

Selena no me escuchó porque el amor, especialmente el amor de juventud es más fuerte que cualquier cosa que te diga tu padre. Toda persona que se ha enamorado entiende la gran fuerza del amor.

CAPÍTULO DOCE

La vida después de Selena

Dicen que el tiempo cura todas las heridas, y así es. Sin embargo, el tiempo no alivia el dolor. Lo único que podemos hacer es aprender a vivir con lo sucedido. Por los últimos veinticinco años desde la muerte de Selena, mi esposa y yo hemos sufrido inmensamente. Hay días en que Marcella se siente, emocionalmente, como si Selena hubiese sido asesinada esa misma mañana. Y eso es de entenderse. Marcella llevó en su vientre a nuestra hija por nueve meses. En cuanto a mí, estoy un poco más fuerte, emocionalmente hablando, a pesar de que hay ocasiones en que estoy desayunando o mirando televisión y, súbitamente golpea mi mente de nuevo que mi querida hija Selena ya no está aquí. Y entonces empiezo a llorar como un niño.

No hay nada malo en que un hombre llore. Eso es parte de las emociones humanas. Cuando Jesús escuchó que su amigo, Lázaro, había muerto, la Biblia dice en Juan 11:35—*Jesús lloró. ¿Dónde lo han puesto?—preguntó. Ven a verlo, Señor—le respondieron. Jesús lloró. ¡Miren cuánto lo quería!—dijo entonces la gente.*

La muerte es el enemigo del hombre. Nosotros no fuimos creados para morir. El simple hecho que el hombre teme a la muerte muestra que la muerte no es natural para el hombre. Nuestro creador puso en nuestras mentes que tendríamos la eternidad. Esa es una escritura en la Biblia, Eclesiastés 3:11—*Dios hizo todo hermoso en su momento, y puso la eternidad en el corazón humano.*

La muerte es una experiencia demasiado dolorosa para nosotros, especialmente cuando tu ser querido que muere es joven o es tu niño o tu niña. Estamos programados emocional, mental y espiritualmente para saber que la gente de más edad va a morir primero. Sin embargo, cuando muere un hijo, te embarga un tipo de dolor diferente. Más profundo. Es como si una parte de ti se hubiese muerto junto con ellos, porque así es.

Es mucho peor cuando es una muerte violenta o sin sentido. Nunca se entiende ese tipo de dolor a menos que le haya pasado a usted, y eso no se lo deseo a nadie. La gran tristeza, el dolor de perder a mi niña es algo que me acompañará en mi mente y en mi corazón, hasta que yo la vuelva a ver.

Se me ha preguntado si me arrepiento de algo. Algunas veces pienso que si yo no los hubiera involucrado en la música esta tragedia no hubiera ocurrido. Algunas veces me siento de esa manera, pero luego recapacito y digo—un momento. Lo que estábamos haciendo con nuestra música no tenía nada que ver con lo que hizo esa mujer. Fue una mujer desquiciada quien jaló el gatillo y mató a nuestra hija. La música no la mató. La música no tuvo nada que ver con su muerte.

No existe ninguna razón para que Selena esté donde está. Esa mujer desquiciada cometió ese horrible, feo crimen. Robó la vida de un ser humano maravilloso. Le robó la vida a Selena y nos robó nuestras vidas compartidas con nuestra querida hija. Sólo Dios sabe dónde estaría Selena hoy. Podía estar disfrutando de su vida. Podría haber tenido los cuatro o cinco niños que ella quería tener. Lo que sé con certidumbre, es que la vida de todos nosotros sería diferente.

Cuando Selena murió, se desvaneció toda la alegría que teníamos. Su muerte fue el inicio de un período de obscuridad en nuestras vidas. Nuestra familia entera estaba devastada. Mi esposa ha sufrido intensamente. Mis hijos han sufrido un dolor incomparable. Yo he sufrido con un dolor indescriptible, inmenso. Hemos aprendido a aceptar lo que pasó, pero nunca se escapará de nuestras mentes. La muerte de Selena es una herida que hizo pedazos nuestros corazones, y que nos lastimará hasta que la muerte nos llegue.

¡Miren cuánto lo quería! Igual como Jesús lloró por su amigo, nuestra familia todavía llora por nuestra amada Selena. En las siguientes páginas, nuestra familia comparte cómo hemos procedido a enfrentar una vida sin Selena, pero sin nunca retirarnos de ella.

Mi hija Suzette se afectó profundamente, emocionalmente. Selena y ella eran hermanas y también eran amigas entrañables. Todo lo hacían juntas. Desde simplemente pasar un rato tranquilo, a salir de compras, a planificar diseños de vestuario, hablar de la música y compartir secretos. Aunque actuábamos para cientos de miles de personas, una vez que lo analizábamos bien, nuestro mundo era pequeño y consistía en miembros de la familia, miembros del grupo musical y unas cuantas amistades. Cuando Selena murió, la vida de Suzette tomó un giro drástico de un día para el otro. Suzette ahora tenía que emprender su propio viaje, en su propia carretera.

Estas son las palabras mismas de Suzette:

Creo que es natural que surjan problemas personales cuando alguien pierde a un ser querido. El perder a Selena me cambió emocionalmente. Existen aún algunas situaciones que no puedo manejar, pero al mismo tiempo estoy más conectada con lo que en verdad importa en mi vida, y ya no me preocupo de las cosas que no puedo controlar.

Cuando Selena murió, mi mamá me dijo que necesitábamos encontrar la belleza dentro de toda la fealdad de su asesinato. Esas fueron palabras de mucho peso. Yo quería saber, ¿Cómo se logra eso? Estaba yo tan consumida con mi pesar, que no podía ver nada de belleza. No podía entender lo que significaban esas palabras. Me tomó dos años y medio para reconectar con la vida y verdaderamente encontrarme a mí misma como persona.

A esos años yo les llamo "la etapa de la neblina," ese tiempo cuando nada tenía importancia. Aun cuando había una gran alegría, la sientes por un momento y después la triste realidad regresa a tus pensamientos y a tus sentimientos, y sabes que Selena ya no está allí contigo. En esa neblina, yo estaba caminando por la vida, pero la vida no tenía significado. No tenía sentimientos; solamente me sentía entumida. No había nada que me motivara emocionalmente dentro de mí, pues yo estaba ausente, en otro lugar. Todos estábamos así, pero hicimos todo lo posible por ayudarnos uno al otro.

Durante esos primeros días, mi mamá estaba muy frágil. Su cabeza siempre estaba baja, y la mayor parte del tiempo con lágrimas rodando por sus mejillas. Yo la llamaba todos los días, y tan sólo al escuchar cómo decía—Hola, yo sabía cómo se estaba sintiendo, en qué tipo de estado anímico estaba. Muchos de esos días yo iba a su casa y me sentaba con ella. Algunas veces nos recostábamos sobre la cama. Luego yo esperaba para ver si ella quería decirme algo. Con el paso del tiempo, compartíamos historias de lo divertido que era Selena o de alguna cosa que había hecho; luego reíamos y terminábamos llorando. ¿Qué puedes decirle a tu madre cuando ella está destrozada? Solamente estás allí, con posesión de la fe de que un día vamos a ver a Selena otra vez.

Mi mamá todavía tiene esos días difíciles. Algunos días la convenzo de que pase por mí para ir a comer o de compras, y eso siempre resulta en momentos felices. Así es nuestra vida ahora: tenemos días buenos y días malos.

Con mi papá era diferente. Él es una de las personas más fuertes que conozco. Él ha sido mi héroe por toda la vida. Él ha sido mi protector. Él lo ha sido todo para nosotros. Yo siempre lo admiré. Durante este tiempo, cuando Sel se fue, mi papá me llamaba y lloraba, lloraba y lloraba. Yo no encontraba las palabras para consolarlo. Sólo lo dejaba llorar y le decía—Yo sé, papá—porque yo sabía. Luego él se disculpaba—Lo siento mucho, pero no se a quien más acudir, porque no quiero que tu madre sepa que estoy sufriendo. Él no quería cargarle más con la tristeza de su pesar, así es que me llamaba.

La verdad es que, después de que Sel murió, yo ya no quería estar aquí. Una vez iba sola, manejando mi carro, y me sentía aplastada por dentro, rota y, por un milisegundo, pensé—"Bien, yo podría desviarme de la carretera ahora mismo y pegarle a ese poste de la luz allí. Pero tan pronto tuve tal pensamiento, otro lo alejó inmediatamente—"¿Qué es esto que estoy pensando? ¿Cómo podría hacer eso a mis padres? Ellos ya estaban pasando por tantas penas. ¿Cómo podría yo dejar a mi esposo?" Elevé mis oraciones a Dios para que me perdonara por mi pensamiento tan egoísta.

Yo no era la única sintiendo este dolor. Años y años después, mi hermano dijo algo que insinuó un detalle que me hizo recordar ese obscuro pensamiento. Yo me percaté y le pregunté—¿Qué quieres decir con eso? Empezamos a hablar y compartí ese momento de obscuridad y él me confesó que también se había sentido igual. Conozco a muchas otras personas que han perdido seres queridos trágicamente, y es traumatizante. Pero imagínate el experimentar un hondo pesar y que todo mundo sabe tu situación y todo mundo quiere saber más. Me gustaría que la gente pudiera entender cuán difícil era para nosotros.

Cuando Selena murió, todo cambió. Musicalmente, mi vida cambió. Mi papel en el negocio de la familia cambió. Me casé con mi esposo, Bill Arriaga, un año después. Luego me convertí en mamá. Cada cambio llegó con su propio sendero.

Cuando cumplí treinta años, tres años después de la muerte de Selena, le dije a mi mamá—Estoy lista para ser mamá. Hasta ese punto, yo estaba perdida. Todavía estaba en la etapa de la neblina. No diría que el convertirme en madre "me salvó," pero si trajo mucha claridad a mi mente. Como madre, te das cuenta de lo que es importante en la vida y lo que no lo es. A través de los años me había convertido en una persona independiente. El convertirme en esposa y madre cambió eso. Atesoro a mi esposo. Mi hijo Jovan es mi tesoro. Al ser esposa y madre, ahora puedo apreciar por completo todo lo que mis padres hicieron por nosotros.

Mi papá y yo solíamos discutir mucho—y todavía lo hacemos. Hu habido ocasiones en que él sólo mueve la cabeza y dice—¡Yo no sé de dónde sacas esa actitud! Yo me suelto a reír y le contesto—¡Mírate en el espejo! ¡La saqué de ti! Él siempre nos dijo a Selena y a mí que no teníamos que depender de nadie. Solía decir—No esperen que alguien más haga las decisiones por ustedes. Ustedes son lo suficientemente fuertes. Ustedes pueden hacer estas cosas. Él sembró todo eso en nuestras mentes. Selena aprendió la lección más pronto que yo y fue en busca de sus sueños. Supongo que sólo estaba dormitando dentro de mí.

Yo sabía en mi corazón que mi vida en la música ya no existía. Sabía que mi lugar ya no era en salir de gira, como Abe lo hacía, porque era una madre y quería estar allí para mi hijo. Descubrí que mi vocación era estar allí, al lado de mi padre, trabajando con él para proteger lo que creamos como una familia.

Sentí que el entender el lado del negocio de lo que él había estado haciendo y entender la parte del negocio de la música me hizo apreciar todo lo que él nos había enseñado y lo que había hecho por nosotros. También me hizo darme cuenta de que había mucho más que yo podía estar haciendo para ayudar. Al paso de los años, no tenía que ir con mi papá para cuestionar ciertas cosas. Instintivamente ya lo sabía, porque él me había preparado para esto. Sentía un empoderamiento al ser capaz de despertarme de ese período de adormecimiento en mi vida y decir—Oh, yo puedo hacer esto.

Al encontrarme de nuevo a mí misma, encontré una gran paz interior. Descubrí también una fuerza que no sabía que tenía. Mi papá y mi mamá nos criaron para que no tuviéramos odio hacia nadie. Busqué dentro de mi alma para perdonarla (a Saldívar.) Sólo el no odiarla me ayudó a proseguir hacia adelante. Me di cuenta de que tenía que soltar algunas cosas para poder respirar de nuevo y luego, tan pronto como empecé a hacer eso, gradualmente me sentí como que estaba creciendo. Sentí que eso era lo que mi hermana hubiera querido.

Hice las paces con todas las posibilidades. Cualquiera que hubiera sido la posibilidad, ya no importaba, porque, después de todo, ella ya no está aquí. Cuando entendí eso, me di cuenta de que en realidad no importa cuáles son las respuestas a preguntas hipotéticas, porque siempre regresaba al hecho de que ella ya no iba a regresar.

El deceso de Selena también cambió mi rumbo en la música. Yo era una baterista y sé que cuando empecé, en realidad no quería ser la única mujer baterista en este género de música Tejana, pero llegué a tenerle mucho cariño a la música Tejana y a apreciar el ser la única mujer baterista en el género. Ahora extraño mucho los escenarios y tocar mi música Tejana. Extraño la experiencia completa, no tan solo las presentaciones, sino el compartir esos días y noches con mi familia. No tan solo perdía a mi hermana, sino también perdí mi trabajo. Me perdí y perdí quién era yo. Literalmente, dejé de tocar el día que ella murió. Ya no tenía el gusto ni la urgencia de regresar a tocar mi batería. Ya no lo deseaba. Ya no quería tocar. Luego, casi veinte años después, hace un par de años, mi hermano me preguntó si quería tocar unas cuantas canciones.

De repente me vi en el escenario, detrás de un arreglo perfecto de batería y no sabía qué hacer. Seriamente, no podía ni siquiera pensar. Empecé a hacer técnicas de respiración para tranquilizarme. Al voltear a ver al público, vi allí a mi esposo y a mi hijo. A.B. me mira y dice—¿Estás lista? Asentí con la cabeza que sí. Y luego le dije—¡Espera, espera! ¿Cuál canción vamos a tocar? Él me contesta con una sonrisa—"Como la Flor." Le dije—¡Espera! ¿En qué empieza? Mi mente realmente estaba frita. A.B. me dice—Cuatro. Luego mi hermano se da la vuelta de la misma manera que siempre lo había hecho para dejarme saber cuándo empezar. Fue entonces que su movimiento me regresó al escenario con él y Sel. Él empezó la canción y una sensación de tranquilidad me cubrió de pies a cabeza. Empecé a tocar y, mientras tocaba, él se volteó a mirarme con esa mirada de aprobación que significaba mucho para mí. Luego miré a mi hijo entre el público. Mi hijo nunca me había visto tocar en vivo y, probablemente esa era la razón principal por la cual yo quería tocar. Jovan estaba llorando y, permítanme decirles, él no es el tipo de niño que llora. Billy estaba allí cerca de él, porque Jovan estaba muy emocionado. Creo que fue allí donde mi hijo entendió todo. Yo le había contado a él acerca de Selena como mi hermana y como su tía, pero cuando hablaba acerca de Sel, yo no le contaba acerca de ella como artista. Fue un momento inolvidable. Creo que en ese momento él comprendió la magnitud de la carrera de su tía, su tío y su mamá. Y creo que también entendió la importancia de lo que ese momento significaba. La música es poderosa. La música no tiene cronología. La música que creamos con Selena te mueve emocionalmente; te hace sentir de cierta manera, y eso nunca va a cambiar.

El hueco que hay en mi corazón en el espacio donde Selena está o estaba una vez no se puede llenar nunca. He aprendido a aceptar a dejarla ir, de aceptar cómo me siento en ciertos días. Aceptar lo que se me ponga enfrente y así avanzar, paso a paso. Y si me siento agobiada, lloro, y me quejo, y grito enojada por cualquier cosa, y luego dejo volar a todas las cosas que me atormentan. Si tengo un día difícil, llego a mi casa y le digo a Bill que sólo quiero estar sola. Procedemos hacia adelante y el día siguiente es una promesa de muchas posibilidades.

Una de las cosas que hace que Selena sea relevante veinticinco años después es que ella nos representa a todas nosotras, las Latinas, y representa nuestra cultura mexicoamericana. Creo que los jóvenes de esta nueva generación en realidad no tienen a quien admirar. Ellos crecieron escuchando a Selena porque sus padres o sus abuelos eran sus fans. Queda claro que esos fans que la vieron en vivo sentían cariño no solo por la música, sino también porque representaba a la mayoría de las mujeres latinas, con su piel color canela, su pelo negro y su cuerpo de curvas hermosas. Ella representaba a la mexicana que generalmente no se muestra. La belleza de su corazón, de quién era ella como persona, no solo como artista—todo eso que se puede percibir en cada entrevista que hizo. Cuando miras una de sus presentaciones o una entrevista, no puedes evitar una sonrisa o una buena carcajada. Ella tenía esa energía positiva que todo mundo quiere tener a su alrededor. Creo que la cosa más importante que Selena quería dejar como recuerdo permanente es que ella quería mucho a sus fans y le importaban mucho, al igual como le importaban todas las personas a su alrededor. Era verdaderamente cariñosa.

Lo que sabe mi corazón, y que llevo conmigo como un tesoro, y que me guía cuando siento dudas acerca de algunas cosas, es que yo sé quién era mi hermanita. Mi mamá y yo podemos estar de compras en el centro comercial y, aunque no lo crean, de repente vemos algún artículo que tiene el nombre de mi hermana con letras grandes y no puedo resistir y lo compro. Yo no digo nada, pero mi mamá siempre dice—A Selena le hubiera gustado eso. Y esto es veinticinco años después.

La fuerza que necesitaba para recuperar mi vida está claramente basada en la fe en Dios y en la creencia que Selena va a resucitar; que la vamos a ver de nuevo. Esa es la fe de nuestra familia. Yo no soy Testigo de Jehová; no estoy bautizada, no asisto a las reuniones, pero he crecido con esa creencia y yo verdaderamente creo en todas las enseñanzas. Atesoro todo lo que me enseñan. Creo en ello un 100%. Creo que Selena está durmiendo. Cuando suceda la Resurrección, ella va a despertar, mirará su vestuario y dirá—¿De veras? ¿Me pusieron aquí con este traje morado?

Siento mucho cariño y mucho orgullo al saber que mi hermana sigue siendo admirada y amada; saber que está en los corazones de sus fans. Yo la amé y la amo con todo mi corazón. Nuestro amor era mutuo e incondicional. No existían los celos entre nosotras. Me decía—Estoy orgullosa de ti, hermanita. Ella estaba orgullosa de mí y yo estaba orgullosa de ella. Éramos porristas una para la otra. Me llena una inmensa tristeza porque ella ya no está aquí con nosotros. Con todo mi corazón desearía que sí estuviera aquí. Todavía lloro mucho por ella. Escuché que alguien dijo que cuando lloras por alguien que se ha ido, cuando derramas una lágrima por alguien que ha muerto, eso es porque tu amor no tiene otro lugar a donde ir.

Se dice frecuentemente que—Cada quien lleva su pesar de su propia manera. Cada quien pena de diferente manera. Eso es verdad, y yo lo sé porque en mi familia todos sufrimos muy profundamente. El dolor era aplastante para mí. Mi hija Suzette estaba perdida y envuelta por una neblina mental. Mi esposa tenía el corazón triturado, roto en mil pedazos de tanto sufrimiento. Sufrió tanto, que su salud se vio afectada. Para A.B., la situación también era muy particular. A.B. y Selena eran un equipo. Trabajaron en colaboración por muchos años. Para A.B. el shock y el dolor intenso por la muerte de Selena crearon otros problemas físicos y espirituales.

Enseguida compartimos la experiencia de A.B., en sus propias palabras.

Yo soy el hermano mayor de Selena, en cada sentido de la frase. Nosotros, toda nuestra familia, tenemos una conexión especial. Para mí, ser el hermano mayor y el único hombre significaba que tenía que proteger a mis hermanitas.

Me preocupaba mucho cada vez que Selena viajaba por avión. Ya para el último año de su vida, antes de que sucediera todo, estábamos presentándonos en muchos lugares. Un día estábamos en Nueva York, el siguiente día en Chicago y luego salíamos rumbo a México. La película "La Bamba" siempre estaba en mi mente, con el temor de que el avión se estrellara, o que algo malo le pasara a ella era un miedo que me estremecía. No podría soportar la vida sin ella. El trabajo que me dio la vida fue el de tomar el papel de su hermano mayor, pero también era su productor y siempre agradecido por haber creado tantos álbumes juntos y haber compartido con ella cientos, o hasta miles de presentaciones.

El día que murió Selena, mi papá y yo llegamos al hospital y aun antes de saber la noticia, ya sentía como que había un intenso e inmediato disturbio en el mundo. Y esa sensación es de lo que yo traté de escapar desde ese día y por muchos años después. Cuando salí del hospital fui a casa de quien era mi suegra entonces. Me dieron unos tranquilizantes porque estaba completamente en shock. Después vi los programas en vivo de todo lo que estaba pasando, mientras ella (Saldívar) se apuntaba la pistola a la cabeza.

Tengo que decirles esto, aunque ya no es mi manera de sentir ahora, pero en ese momento cruzó por mi pensamiento—"Ya asesinaste a mi hermanita, mátate. No seas una cobarde." Seguí repitiendo en mi pensamiento—"Mátate, mátate." Obviamente, ella no lo hizo.

Ese día está marcado para siempre como el peor día de mi vida. Desde el mediodía al funeral mis recuerdos son muy confusos, borrosos. No puedo recordar mucho de lo que pasó después de ese día.

Selena y yo estábamos justo en el proceso de seleccionar canciones para el álbum de entrada al mercado general en inglés. También estábamos grabando nuestro siguiente álbum en español, el álbum después de "Amor Prohibido." Queríamos que ese álbum fuera aún

más sensacional. Luego sucedió la gran tragedia y yo huí. Huí de la realidad de la muerte de Selena. Pasaron un par de años y entre mi dolor pude crear a Kumbia Kings. Mi grupo tuvo mucho éxito. Salí de gira con ellos por todo Estados Unidos, casi todas las regiones de México, América Central y Sudamérica.

Me perdí. Estuve huyendo de mí mismo y de la realidad por quince años. Viví en Costa Rica, Acapulco, Miami y San Antonio. Me mudaba a cualquier lugar, menos a Corpus Christi, porque me recordaba tantas cosas negativas. A propósito, trataba de no ir a Corpus Christi porque no quería ver tristes a mi mamá y a mi papá.

Sentía como si hubiera una enorme nube negra sobre Corpus Christi.

Me sentía atrapado emocionalmente al estar en Corpus e inmediatamente necesitaba escaparme, y así lo hice. Me fui por mucho tiempo. Regresaba de visita, pero yo estaba en un lugar personal muy obscuro. Mi matrimonio había terminado y una querida amiga mía me dijo—No puedes continuar haciendo esto contigo mismo. No puedes fingir una sonrisa en el escenario y actuar como si todo estuviera bien y después, a puerta cerrada no te cuidas y no te amas a ti mismo. Sus palabras encerraban tanta verdad. Yo no tenía nada de amor propio y, cuando no sientes amor para ti mismo, no puedes amar a nadie más. Supe entonces que estaba atrapado y sin salida.

El perder a Selena fue traumático para mi mente y para mi cuerpo. La tragedia dejó al descubierto asuntos emocionales que estaban allí, a punto de surgir. Descubrí que tenía comportamiento obsesivo compulsivo, lo cual me hacía tener pensamientos y sentimientos que no quería tener, una y otra vez. Sentí como que tenía que hacer algo, cualquier

cosa para mantener mi mente ocupada para deshacerme de esos malos pensamientos.

Soy también bipolar y sufro de desorden de déficit de atención. Para empeorar las cosas, se me diagnosticó con una condición llamada andropausia. En griego, la palabra "andras" significa masculino, y "pausa" significa aminorar. Es un síndrome causado cuando un hombre no está desarrollando suficiente testosterona para balancear el cuerpo. Yo casi no tenía testosterona. Afectó mi estructura ósea, los músculos, pero especialmente mi mente y mis emociones. Me daba por llorar por cualquier cosa. Miraba un cachorrito en la televisión y me soltaba llorando. Tenía baja energía, depresión, tristeza y en realidad no me di cuenta que estaba encaminándome para hacer decisiones irracionales. De repente me preguntaba—¿Que está pasando? ¿Qué es lo que acaba de pasar?

Necesitaba cubrir mi intenso dolor con otro dolor. Me estaba medicando con alcohol y sentía como que eso ya no era suficiente. Empecé a tatuarme para borrar un poco del dolor emocional al reemplazarlo con un dolor físico. Me imagino que las personas que se cortan pasan por lo mismo cuando se cortan. Yo me iba a hacer un tatuaje cada vez que sentía ese dolor emocional tan intenso. Un tatuaje por cada período de gran dolor.

El primer tatuaje que me hice fue un pequeño tatuaje del nombre de Selena en mi brazo. Al pedir que me hicieran más tatuajes, descubrí que se sentía más dolor en ciertas partes del cuerpo, como el cuello, las manos, y los dedos.

El dolor físico hacía que el dolor emocional interno se borrara cuando menos por una semana, pero eventualmente ese dolor inmenso regresaba con más intensidad. Y yo regresaba una y otra vez para que me hicieran más tatuajes. Algunas sesiones eran de tres o cuatro horas, sin embargo, algunos tatuajes se llevaban hasta seis horas.

Después de haber perdido a Selena, honestamente me preguntaba —¿Cuál es mi propósito ahora? ¿A dónde voy? ¿Qué hago? Estaba perdido mental y emocionalmente. Me convertí en la envoltura vacía de quien yo era antes. Me encerré en el estudio de grabación, pues allí podía hacer música de día y de noche, creando. Eso alejaba mi mente y mi tiempo de la realidad de haberla perdido, pero también fue destructivo para mis niños, para mis matrimonios y para mi vida en general.

Tarde o temprano, te das cuenta de que no importa en qué parte del mundo te escondas, la pena siempre irá contigo. No la puedes perder. Tienes que enfrentar ese dolor intenso y tienes que buscar ayuda. Finalmente recibí ayuda para entender todo lo que me estaba pasando y lo que estaba sintiendo. La manera cómo empecé a enfrentar mis conflictos fue hablando acerca de todo lo ocurrido. Tienes que hablar. Tienes que comunicar. Yo no era muy buen comunicador. Si estaba molesto acerca de algo, no decía nada. Nada más dejaba que se disipara, pero me enojaba y me molestaba a punto tal, que sin importar lo que la otra persona iba a decir, yo sólo quería decir lo que iba a decir. Como con mi familia, he aprendido que es aceptable el no estar de acuerdo en todo. Al final del día, mi familia siempre estará allí para quererme y para apoyarme. La familia . . . todo está centrado en la familia.

El estar con mi familia fue la clave para que yo lograra cambiar. La familia y el apoyo psicológico fueron esenciales. Ahora tengo a un psicólogo con quien consulto cada dos o tres meses. Ya no tengo episodios emocionales y ya no me estoy tatuando. De vez en cuando, sin embargo, la vida se torna bastante caótica para mí, como sucede con muchos de ustedes, queridos amigos y amigas, me imagino. Ese lado de mi vida siempre estará allí, sólo tengo que aprender a controlarlo.

Todavía estoy en una jornada espiritual. A pesar de que no voy al Salón del Reino como lo hacen mis padres, mucho de lo que aprendí, de lo que aún forma parte de mí y que trato de aplicar en mi vida tiene sus bases allí. No tengo el profundo conocimiento bíblico que tiene mi papá. Quiero aprenderlo todo y tengo muchas preguntas. Mi papá dice que, para entender, tenemos que ir hasta el principio. No hemos tenido la oportunidad de hacerlo todavía, pero lo haremos.

Creo que tenemos un Creador. Creo que Selena está durmiendo y esperando a ser resucitada. Sé que no está aquí físicamente, pero me parece que surge en todo lo que hago y adondequiera que voy. La escucho en elevadores, en restaurantes, en centros comerciales y en carros al pasar; su música está en todas partes. ¡Es algo increíble!

Creo que su legado está justo donde debe estar. La música está transportando a Selena a través del tiempo. Las mamás que fueron fans de Selena desde hace más de treinta años ahora hacen las tortillas en la cocina y están escuchando sus canciones, "La Carcacha" o "Como la Flor." Sus hijos están jugando en la cocina y escuchando a la "música de su mamá." De allí se enamoran de la música y luego de Selena. Crecen y comparten esa misma música con sus hijos. El proceso se repite de generación en generación. Eso es lo que quiero decir que la música está transportando a Selena a través del tiempo.

Lo que es aún más increíble, es que nuestra música no suena vieja. Nuestra música no suena como si fuera de las décadas de los 80's. Nuestra música suena actual en cualquier momento. Suena como del 2019 o del 2020. Si ustedes me preguntaran cómo sucedió eso, yo no sabría qué contestarles. Lo que me hace feliz es que no hay nadie que se pueda comparar con Selena. Ella es la más sensacional. La mejor de las mejores. No llegará nadie que se acerque a su nivel como artista. En la música hay los grandes que se han ganado un lugar para siempre, y esa es mi hermanita Selena. Ella merece todo el cariño y todos los elogios de sus fans.

El que creó todo esto que se llama Selena y Los Dinos, y quien nos formó como artistas a Selena, a Suzette, y a mí, fue mi papá. Creo que la mejor decisión que él ha hecho fue la de pasar el control del negocio a Suzie, al nombrarla Directora General. Suzette es una mujer muy sabia en los negocios. Es una mujer que defiende su empresa a capa y espada, y es muy respetada en las redes mundiales de negocios. Ella maneja el negocio de nuestra familia con mucho cariño. Además de ser mi otra hermanita, yo la respeto mucho. Entre ella y mi papá, ellos han protegido a Selena, a nuestra música, y al legado de nuestra familia.

Si alguien me preguntara si he terminado todo lo que voy a hacer en la música, les diré que definitivamente aún no termino. Tengo proyectos excitantes en puerta. Uno de ellos es un álbum que acabo de terminar para mi hermanita Selena, y el cual me llevó más de un año para terminarlo, y estoy ansioso porque todos los fans lo escuchen. Todavía tengo mucho más para dar. Quiero dejar la música cuando haya entregado lo mejor de mí. Quiero dejar los escenarios en una buena nota con nuestra gente, con nuestros queridos fans.

¡ESTOY EN CASA! Vivo en Corpus Christi, justo a la vuelta de la esquina de la casa de Suzette. Mi mamá y mi papá viven a cinco minutos de allí. Ahora estoy felizmente casado con mi esposa Ángela. Ella es mi todo. Mi familia la quiere mucho. Ahora estoy en un lugar mucho mejor, sin negatividad en mi vida y, ahora, por fin, viviendo en armonía.

Mi esposa Marcella y yo hemos estado juntos básicamente todos los días desde que nos conocimos, en las buenas y en las malas, como dicen. A través de los años en la carretera con nuestros niños, mientras ellos se presentaban desde los pequeños salones de baile hasta los grandes estadios, yo fui el chofer y el mánager, mientras Marcella se encargaba de apoyar, consolar, y cuidar a nuestra familia. Juntos celebramos cada éxito. Juntos trabajábamos para vencer cada obstáculo. A través de los días más obscuros, Marcella me dio la fe y la fuerza para despertar y proseguir muchas mañanas. Hoy, casados ya por casi sesenta años, pasamos nuestros días como cualquier otra pareja, mirando a nuestros niños y a nuestros nietos crecer, sabiendo que les dimos todo lo que pudimos para que se convirtieran en buenas personas y vivieran sus vidas de una manera positiva y fructífera.

Suzette es ahora la Directora General de Q Productions y es ella quien maneja la compañía. Yo ofrezco toda mi guía y mi apoyo a A.B. en sus proyectos y sus planes musicales. Aún tengo mucha música en mi corazón y continúo desarrollando las carreras de talentos nuevos y nuevos músicos. Sin embargo, al final del día, lo más importante es cuando Marcella y yo cenamos, miramos televisión, disfrutamos de nuestra mutua compañía y leemos la Biblia. Marcella y yo asistimos a reuniones semanales en nuestro Salón del Reino local, con nuestros hermanos y hermanas de los Testigos de Jehová. Nuestra fe nos ha dado fuerza y apoyo a través de los años. Nuestro compromiso con las enseñanzas de Jehová nos ha dado la fuerza para caminar por este sendero, juntos.

No hay padre de familia, madre o padre, que deban de experimentar el profundo dolor, la pesadilla de la muerte de su hijo o su hija. La madre, quien ha llevado en su vientre a esa niña, una madre que ha dado besitos a cada rasguño en las rodillas y cuya cara se ha iluminado con el orgullo de cada logro de su niña nunca debería decir adiós a esa niña en esta vida.

En sus propias palabras, Marcella nos cuenta cómo ha sobrevivido estos últimos veinticinco años.

Después de casarse, Selena y Chris vivían en la casa vecina a la de Abraham y mía. Yo sabía que iban a comprar su propia casa pronto, pero era fabuloso que vivieran cerca de nosotros. Yo no vi cuando Selena se fue esa mañana, pero sabía que mi sobrina, Debbie, estaba trabajando en casa de Selena, ayudándole con los documentos de impuestos.

No recuerdo quién llamó, pero yo contesté el teléfono y alguien dijo que Selena había tenido un accidente y que estaba en el hospital. Asumí que se trataba de un accidente automovilístico, un pequeño choquecito y que ella estaría bien. Yo no tenía manera para llegar al hospital, pero mi sobrina dijo—Yo la llevo. Debbie manejó hasta el hospital, y al salir del carro, alguien nos dijo que esperáramos afuera. Esperamos en el carro por unos cuantos minutos y luego un oficial de la policía nos llevó al hospital y nos dejó en un cuarto donde ya estaban Abraham y A.B. Esperamos allí lo que pareció una eternidad, pero fueron probablemente unos cuantos minutos.

Luego entró el doctor y dijo que Selena no había sobrevivido— Selena no la hizo. Es todo lo que recuerdo. Cuando el doctor nos dijo que ella había muerto, mi corazón se sintió como si alguien lo hubiera golpeado salvajemente, con fuerza inimaginable. Súbitamente sentí que mi corazón estaba moreteado y adolorido. El dolor y la pena eran inconsolables, como si en verdad mi corazón hubiese sido roto, físicamente. Luego llegó un adormecimiento, como una anestesia natural. Desde ese momento, me sentí totalmente adormecida por el shock.

No recuerdo mucho de lo que sucedió durante esos momentos. Como Abraham, sufro de una pérdida de memoria entre días y hasta semanas. Pero hay algunas sensaciones que aún viven dentro de mí, profundamente, y que aún puedo sentir como si hubieran sucedido ayer, y no hace veinticinco años.

Recuerdo que mi estómago se sentía agitado, tembloroso. Mi cuerpo no estaba temblando, pero mi interior sí. Mi estómago saltaba como si yo estuviera muy asustada. No podía controlarlo. Estuvo así por mucho tiempo. El dolor y la sensación de los temblores desaparecían por unos momentos y luego regresaban. Por varios días, mi corazón sentía un dolor intenso y mi estómago se estremecía. Es una sensación horrible.

El adormecimiento continuó. Yo no podía comer. No podía funcionar. No quería aceptar que Selena ya no estaba aquí. No podía creer todo lo que estaba pasando. Estaba en una fase de rechazo de la realidad. Hubo días en que la depresión y la ansiedad me atacaron tan cruelmente, que me dejaban tan débil que no podía ni siquiera salir de la cama. Hubo días en que no podía comer nada, ni siquiera un pedazo de pan. Hubo días en que yo sentía un gran vacío dentro de mí y yo quería llenar ese vacío. Debido a eso, comí, comí y comí.

Fui a consultar con el doctor, quien quería recetarme algunas pastillas. Pero a mí no me gusta tomar medicamentos. El doctor dijo que las píldoras para la depresión me ayudarían a dormir y yo pensé que eso solo empeoraría la situación. Pensé que la medicina me deprimiría más y ya no podría funcionar. Pensé que yo podría manejar esta depresión yo sola, pero era como una montaña rusa. Un día me sentía bien, pero al día siguiente estaba deprimida, débil, sin poder funcionar.

Yo quería hacerme fuerte para mis otros niños y para mi esposo. Él necesitaba que yo fuera fuerte. Pero era muy difícil. Todos estaban llorando a mi alrededor. Yo lloraba todos los días. Lloré tanto, que ya no me quedaron lágrimas.

Y al pasar de los años, he podido manejar la situación un poco mejor, pero todavía tengo esa depresión que me ataca despiadadamente de vez en cuando. Todavía está allí, acechando, y yo me enfrento a ella diariamente.

Algunos días me derrota completamente. No le he contado esto a Abraham, pero hay días en que la depresión es muy grande, pero yo la escondo para que él no se de cuenta. No quiero que él se preocupe. "El se va a trabajar y yo me quedo allí, tirada en la cama. No hago nada. No me visto. No miró ni escuchó la televisión. No contesto el teléfono. Algunas veces sólo duermo. Sólo estoy muy callada. Son mis momentos privados para penar. Luego, cuando se llega la tarde y es hora de que él regrese a casa, reacciono y me meto a la regadera, me arreglo, y preparo la cena. Y estoy bien, como si nada estuviera pasando.

Somos una familia muy unida y nos queremos mucho. Por años, hemos estado juntos constantemente, 24/7, en la carretera, viajando y en presentaciones. Primero en un carro, luego en una vagoneta, y después en el autobús. Estábamos haciendo todo lo posible por sobrevivir económicamente y disfrutando cada momento. Tenemos muchos buenos recuerdos de nuestros viajes por la carretera. Hasta los músicos eran como nuestros hijos. Les decíamos —Oigan, compórtense. No hagan eso. Hagan esto. Los miembros del grupo musical nos respetaban. Nunca decían malas palabras enfrente de nosotros. Precisamente el otro día le dije a Pete (Astudillo) y a Joe (Ojeda) —Gracias por respetar a mi familia cuando estuvieron con nosotros. Ambos contestaron —Amábamos estar con todos ustedes.

Esa experiencia de vernos cada día, todo el día, de estar juntos, y de trabajar juntos hizo que nuestra unión familiar fuera muy sólida. Cuando Selena murió, el círculo familiar se quebró. Su muerte hizo añicos ese sentido de unión entre nosotros. Todos sentimos un hondo pesar, pero cada uno a su manera. Desviamos nuestros caminos para tratar de aliviar el dolor tan intenso, pero aún así, estábamos allí dispuestos a apoyarnos entre nosotros. Todos estábamos sufriendo por la gran pérdida, pero siempre estuvimos en contacto y sabíamos cuando cualquiera de nosotros estaba pasando por un mal momento, y tratábamos de darnos consuelo uno al otro. Hicimos todo lo que pudimos para fortalecernos entre nosotros, aún cuando todos estábamos sufriendo un dolor inimaginable.

Suzette me llamaba todos los días para saber cómo estaba. Si ella sentía que yo no estaba bien, venía a la casa y se quedaba conmigo. Abraham todavía tenía que trabajar, pero me llamaba constantemente, todo el día, para preguntarme cómo me sentía. Abraham estaba tratando de ser fuerte para mí y yo estaba tratando de ser fuerte para él. Él sabía cuando yo estaba pasando por un ataque de depresión. Yo sabía cuando él no estaba sintiéndose bien. Él se guardó mucho de su dolor, pero yo lo escuchaba muchas veces, en otro cuarto, llorando. Y entonces yo hacía lo posible por levantar su estado de ánimo.

Al paso de los años, cuando lo veo deprimido, algunas veces digo—Oye, estos amigos nos invitaron a cenar a su casa. Vamos—o, también—Vamos a comer. Vamos a ver una película. Sin embargo, aún me siento muy frágil. Han pasado veinticinco años, pero la depresión aún me saca de balance.

No siento odio hacia esa mujer (Saldívar). El odio me consumiría, y eso no es bueno. Lo que si odio es lo que esa mujer hizo a mi hija. Siento mucho coraje por su acción maldita. Selena era una buena persona. Era cariñosa, comprensiva con todos, y generosa. No merecía que le hicieran algo tan despiadado. Lo que más me duele, la parte más deprimente, es que ella (Saldívar) nunca admitió lo que hizo. También me duele que la familia de Saldívar la apoya 100%. Ellos aún no pueden ver cuanto dolor han causado. Sin embargo, yo siempre digo que la venganza no está en mi corazón y ella tendrá que entenderse y rendir cuentas frente a Dios.

Tengo a un esposo cariñoso y tengo a mis niños a quienes amo tanto. Tengo que ser fuerte por ellos. La fuerza y el amor que tengo, lo tengo debido a mi familia y vienen de Dios. He sido Testigo de Jehová desde 1970. El pegamento que ha mantenido a mi familia unida, el factor número uno en mi vida es mi Dios Jehová. De eso se trata el amor.

Poco después de que Selena se fue, yo iba a pasar tiempo con mi familia de la Iglesia en el Salón del Reino. Empecé a ir inmediatamente, pues sabía que allí es donde encontraría consuelo. Eso es lo que me ayudó a curar mi gran dolor. Cada persona allí es como parte de mi familia. Te ayudan durante los tiempos difíciles. Nos ayudamos uno al otro. Si nuestros miembros del Salón del Reino saben que estás enfermo o enferma, te llevan comida. Siempre se cuidan entre sí, como una verdadera familia.

Tengo mucha fe en Dios Jehová que, en el futuro, Él resucitará junto con todos nuestros seres queridos que han muerto. Una gran parte de poder vivir de nuevo es el saber que voy a ver a Selena otra vez. Donde los colocas para descansar, allí es donde ellos están durmiendo, esperando el día cuando todos los seres que amamos sean resucitados. De acuerdo con la Biblia, eso es lo que creo. Dios nos promete eso. Eso es lo que espero con ansias y lo que me da fuerza para seguir adelante. Creo que, si no sintiera esa fe en mi corazón, probablemente estaría ya en un asilo de locos en algún lugar. Si yo no tuviera esa bendición en mi vida, sería una persona totalmente perdida.

Espero con ansias ver a nuestra hija de nuevo y, cuando eso suceda, la abrazaré y le diré que la extrañamos mucho. Podré caminar y hablar con ella y contarle de cuánto cariño le tuvo la gente. Le diré cuánto se le extrañó y lo mucho que se le ama.

Creo que la gente se sentía atraída a Selena por su personalidad. Era evidente que ella era amistosa y amable. Ella siempre era cariñosa con sus fans. Ellos y ellas sabían que podían acercarse a ella y hablar con ella como si fueran parte de la familia o como si ella fuera parte de su familia. Nosotros le enseñamos a tratar bien a todos y ella lo hacía. Nadie era más importante que la otra persona. Nosotros le enseñamos eso, pero en realidad, era algo que estaba ya en su corazón. Ella era ese tipo de persona.

Extraño a mi hija todos los días. Me hace sentir muy feliz cuando veo cuanto cariño le tienen sus fans. Esa es una espada de doble filo. La recuerdo y me duele mucho no tenerla, pero estoy muy agradecida a todos sus fans y a toda la gente que la amaba. A todos y todas sus fans les digo—Gracias por amarla tanto, y por tanto tiempo. Eso da consuelo a mi corazón.

Hace veinticinco años, Selena estaba llegando a la cima de su éxito, rompiendo récords en la industria de la música Tejana, siendo reconocida como La Reina de la Música Tejana, y a punto de hacer una entrada majestuosa en la música general en inglés. Yo estaba seguro de que Selena iba a tener mucho éxito internacional y global. A.B. estaba en su mejor momento, produciendo un álbum nuevo, con toda la excelencia de la cual él es capaz. Suzette se acababa de casar y estaba pensando en empezar una familia. Marcella y yo, agradecidos por nuestras vidas y felices por nuestros niños, esperábamos para las buenas albricias del futuro. Estábamos ya pensando en tomar un tiempo libre para disfrutar.

Puede que sea difícil de creer para algunas personas, pero nosotros no teníamos un plan. Solamente trabajábamos y nos gustaba mucho hacer lo que hacíamos. Juntos, nuestra familia tomó esta carretera hacia una maravillosa aventura en el mundo de la música. Cuando murió Selena, la vida diaria que vivíamos, la unidad de crear música juntos, actuar juntos para nuestros queridos y queridas fans, todo cambió drásticamente y, básicamente, terminó. Todavía nos llena de emoción el hablar de Selena, pero con nuestra fe en Dios, sabemos que Jehová Dios la recordará en la Resurrección.

Repasando mis años de vida, puedo decir que el logro más grande de mi vida fue el casarme con Marcella. No puedo ni encontrar las palabras para describir todo lo que significa Marcella para mí y en mi vida. La Biblia dice en Efesios, Capítulo 5, Versículo 28, *"Los esposos deben amar a sus esposas como a sus propios cuerpos. Un hombre que ama a su esposa se ama a sí mismo."* Tenemos una vida maravillosa juntos. Criamos a tres niños. Los guiamos y les enseñamos acerca de Dios. Nuestros hijos fueron criados como Testigos de Jehová; asistieron a las reuniones desde que eran niños. No han sido bautizados como Testigos de Jehová, pero muchas de las enseñanzas dieron fruto en sus mentes, aún al crecer y convertirse en adultos.

De mis tres hijos, Selena era la que tenía una mente más espiritual. Ella leía la Biblia. Era una buena persona y muy humilde. Ella logró tocar muchos corazones. Yo creo firmemente que Selena nació con un corazón cariñoso y bondadoso, y espero que Marcella y yo la enseñamos cómo usar ese corazón.

Los niños aprenden con el ejemplo de los padres. Ellos no crecen y se convierten en lo que sea por sí mismos. Aprenden de sus padres y de su familia. Todos aprendemos de nuestros padres. He dicho esto muchas veces—Yo soy el producto de mi madre y de mi padre. Espero que no suene extraño, pero se que soy una persona bondadosa. Debido a que se lo que es no tener nada, soy una persona generosa. Todo esto lo debo a mis padres.

Mi mamá y mi papá eran gente con temor a Dios. Estuvieron casados la mayor parte de su vida adulta, hasta que la muerte los separó. Mi madre, María, era muy cariñosa y nos daba consejos, guiándonos al crecer. Todos la respetábamos y seguíamos sus consejos. Era la misma situación con mi papá. Mi papá, quien me dio su propio nombre, era un hombre muy trabajador. Nosotros no éramos una familia rica. De hecho, éramos muy pobres. Mis padres criaron a seis niños y nos enseñaron los principios fundamentales en la vida: honestidad, respeto y el valor del trabajo. Con su ejemplo, ellos nos enseñaron acerca del amor. Mi papá a veces bromeaba que nosotros probablemente teníamos sangre rusa. De alguna manera, él sabía que los rusos son famosos por sus fuertes abrazos de oso y por los besos que se dan para saludarse. Nosotros éramos el tipo de familia que siempre nos abrazábamos y nos dábamos un beso en la mejilla.

Si me encontraba con mi papá diez veces en el mismo día, esos eran diez abrazos y diez besos en su mejilla. Mi familia completa es así.

Recuerdo ahora y sé que mis padres hicieron un gran trabajo criando a mis tres hermanos y a mis dos hermanas. Ellos nos enseñaron que todo es acerca de la familia y de Dios. Al final del día, todos somos responsables a nuestro Creador. Creo que esa creencia fundamental es lo que falta en el mundo de hoy. Los jóvenes no sienten que tiene que responderle a nadie. Viven sus vidas "independientemente" y creciendo sin conocer a Dios o sin siquiera creer que nuestro Creador existe. Crecen creyendo que no tiene que responder a nadie, sin responsabilidad, y hacen lo que les da la gana. Eso es una tragedia.

Otro logro personal es el creer en mí mismo como artista. Yo fui cantante de un grupo musical. Salimos de gira y tuvimos presentaciones por todo Estados Unidos y México. Grabamos trece álbumes. Cada uno de nosotros tenía talento como artista o como músico, y éramos muy valorados por el público. Eso es lo que significa ser considerado como artista, pero el hacer el compromiso de ser artista y llamarse a sí mismo un artista siempre ha sido un reto para muchos, y especialmente para un jovencito mexicoamericano en la época en que yo crecí.

Como dije anteriormente, había mucho racismo en Corpus Christi, en Texas y en el país en esos momentos. Debido a que me gustaba mucho lo que estaba haciendo, no sentí la discriminación. Yo estaba siguiendo mi sueño como artista. Y cuando sigues tu sueño, no hay obstáculo que te impida lograrlo.

Los Dinos originales fueron un sueño. Nosotros sentíamos que éramos lo suficientemente buenos con nuestros talentos artísticos, que podríamos cruzar hacia el mercado general en inglés. Nunca entendimos en ese momento que eso era casi imposible debido al racismo que existía. Yo sentía que podía lograrlo, pero que las circunstancias no se prestaban.

Ser un artista no es el camino más fácil. Es muy difícil el lograr algo en este mercado de la música. Las circunstancias de la vida pueden convertirse en obstáculos si permites que se conviertan en obstáculos para lograr tu sueño. Yo me he comprometido a ser un artista y, eventualmente, eso se convirtió en la historia de nuestra familia.

Siempre he sido un soñador y un creedor. He creído en mi sueño como artista y he creído en los talentos de mis hijos. Desde la edad de quince años, he estado involucrado con la música y me he dedicado a ella toda mi vida. Fue en esos años tempranos cuando nació el sueño. El sueño continuó aún después de mi reclutamiento en el ejército, cuando se me arrebató la música de tajo. El sueño continuó aún después que dejé a la música y a Los Dinos. El sueño despertó de nuevo cuando me di cuenta de que Selena tenía el potencial y el talento para cantar. El sueño continuó con mis niños.

Una de las razones por las cuales involucré a mis niños en la música es porque yo quería que ellos tuvieran una base sólida. Quería que aprendieran algo que mantuviera sus mentes ocupadas. Aprendieron muy bien la lección y, al convertirse en adultos, perfeccionaron su arte y se convirtieron en músicos y artistas exitosos. Sin embargo, yo no los encaminé en el sendero de la música para que tuvieran todo este éxito. Cuando ellos estaban jóvenes no había ninguna manera de predecir el futuro. Nunca pasó por mi mente, ¡*Van a ser grandes estrellas!* Ese no era ni mi manera de pensar ni mi intención. Selena y Los Dinos tuvieron mucho éxito debido a su arduo trabajo. Trabajaron para perfeccionar cada cosa que hacían. Desarrollaron destrezas y luego pulieron esas destrezas. El resto es historia.

Yo enseñé a A.B., Suzette y a Selena conocimientos básicos de música. Ellos tenían que encariñarse con ese conocimiento y aprender más acerca de la música por su propia cuenta. Aprendieron más y, al hacerlo, se convirtieron en músicos excelentes, creando música maravillosa que es muy popular hasta hoy. El momento en que A.B. me leyó la primera canción que había escrito, *Dame un beso*, yo sabía que él iba a tener mucho éxito. Ese fue el principio de una carrera como compositor, escribiendo éxito tras éxito para Selena. Estoy orgulloso de Suzette, quien no quería tocar batería al principio, pero luego decidió en convertirse en una baterista sensacional, levantando sus baquetas y practicando continuamente a solas. También estoy sumamente orgulloso de Selena y de lo que logró en su corta vida tanto como artista, así como diseñadora de modas.

Cuando Selena era una bebé, era muy llorona. No era enfermiza, simplemente era una niña que lloraba por cualquier cosa. Ahora que recordamos esos detalles, Marcella y yo nos reímos y decimos que – Ella estaba practicando para hacer pulmón, porque sabía que iba a ser una cantante. Estoy orgulloso de haber trabajado con ella para apoyarla en alcanzar sus metas.

Me gustaría que se me recuerde como un buen hombre que cuidó mucho a su familia. Quiero que me recuerden como un hombre que enseñó a sus niños cómo ser buenas personas, una persona con temor a Dios que trató a todos con respeto. Me gustaría que se me recordara como un hombre que entiende que la música es un regalo que Dios nos dio para disfrutarlo.

La música siempre ha estado en mi corazón, probablemente desde el día en que nací. Aún antes de cantar con la banda, yo disfrutaba al escuchar música y me encantaba bailar. La música es una conexión emocional con mi corazón. La música me ha emocionado, me ha hecho reír y me ha hecho llorar. La música unió a nuestra familia, permitiéndonos trabajar juntos en una forma de arte que amamos y disfrutamos.

La música hizo posible que yo me arropara en esta vida y la disfrutara, pero esta vida sólo pudo haber sucedido debido a mis padres, mis hermanos y hermanas, mis niños y mi esposa. Esta vida sólo es importante porque la he compartido con mi familia.

En esta jornada llamada vida, he viajado en un sinfín de carreteras y autopistas sin fin, muchas de ellas con mi familia. Como la mayoría de las familias, hemos experimentado grandes alegrías y, desafortunadamente, también como algunas familias, tuvimos que caminar por los valles más obscuros. Sin embargo, en cada carretera, a cada paso, nos mantuvimos unidos.

La jornada de nuestra familia empezó con un sueño. Hoy ese sueño es una fulgurante realidad. Nuestra familia está más unida que nunca. Continuamos trabajando juntos como siempre lo hemos hecho. Nos visitamos seguido. Compartimos cada alegría y cada contratiempo que encontramos. Como cualquier otra familia, nos cuidamos uno al otro. Lo más importante es que tenemos esperanza.

Cuando cualquier persona se enfrenta con problemas complejos, podemos sentir como que la felicidad y la paz interna son difíciles de conseguir, pero para Marcella y para mí el leer la Biblia y aprender acerca de nuestro Creador nos ha ayudado a enfrentar las presiones diarias. El saber que Dios camina con nosotros es un hecho que borra la angustia física y emocional. El estar con nuestra familia de la iglesia en nuestro Salón del Reino alimenta nuestros corazones y nuestras almas espirituales. El compartir la Biblia con nuestros compañeros Testigos, estudiar la palabra de Dios y afianzarnos a las enseñanzas nos da comodidad. Esa comodidad nos lleva a encontrar el significado y el propósito de la vida. Igual como Jehová nos cuida, nosotros nos cuidamos entre nosotros.

Nunca olvidaremos lo que sucedió a nuestra familia, a nuestra querida hija y hermana; esa es una profunda herida en el corazón. Sin embargo, con nuestra fe en Dios y su promesa de la Resurrección, sabemos que veremos a Selena de nuevo. Con esa creencia, con esa promesa, definimos nuestra vida en el presente y en el futuro.

En lugar de recordarla con tristeza, celebramos a nuestra amada Selena, celebro todos los regalos que Dios nos da. Yo prefiero celebrar la vida.

"¡Mira! El tabernáculo de Dios está con los hombres, y él morará con ellos; y ellos serán su pueblo, y Dios mismo estará con ellos como su Dios. Enjugará Dios toda lágrima de los ojos de ellos; y ya no habrá muerte."

Apocalipsis 21: 3-4

FIN

Epílogo

Algunos de ustedes dirán que mi familia y yo hemos vivido el "sueño americano," o, en nuestro caso, el sueño mexicoamericano. Muchas familias sueñan con tener un negocio exitoso y lograr ese éxito como una familia, unidos. Los padres y las madres sueñan en crear un legado para su familia. Ese era mi sueño, pero nunca hice ningún plan. Nosotros sólo seguimos lo que nuestros corazones nos indicaban.

Cuando Selena murió, yo tenía cincuenta y cinco años. Hoy, al llegar a mi octava década, me consideraría un hombre joven a los cincuenta y cinco. En esos días yo me estaba concentrando en el desarrollo artístico de mis hijos. También estaba desarrollando a otros artistas, produciendo discos y hasta escribiendo canciones. En una fracción de un segundo todo cambió en ese obscuro día. Mi enfoque cambió. Marcella siente que esa desquiciada mujer le arrebató la vida a Selena y luego trató de ensuciar su imagen, para también arrebatarle eso al inventar mentiras acerca de nuestra querida hija. Nosotros, nuestra familia, prometimos no permitir que eso pasara. Todos nos comprometimos a mantener vivo el recuerdo de Selena, a través de su música y su imagen.

Me pareció sumamente extraño que historias no autorizadas estaban saliendo por televisión y eran del punto de vista de la asesina. ¿A quién le iba a interesar escuchar sus mentiras?

También me causo disgusto cuando me di cuenta de que se estaban escribiendo libros acerca de Selena sin consultar con nosotros o sin nuestro conocimiento. Estamos comprometidos desde entonces a asegurar que la imagen de Selena no sea manchada con las mentiras y falsas acusaciones que hacía Saldívar y por otras personas que solamente buscaban sacar dinero de la muerte de Selena.

Yo hice una declaración justo después que Selena murió, de que yo protegería su imagen y siento que hemos logrado esa meta. Nunca se consideró que vendería más música; era sólo una necesidad que yo sentía de que el público recordara a mi hija exactamente como ella era, un ser humano maravilloso y siempre llena de mucho cariño. Ella era bella y bondadosa, una jovencita muy atractiva y humilde. Era talentosa y caritativa. Veinticinco años más tarde, la gente aún la recuerda debido a esas virtudes.

He tenido lo que se conoce como un "sueño recurrente," el mismo sueño noche tras noche. Selena llega a nuestra casa y dice—Papá, ¿puedes organizar una rueda de prensa? Yo le pregunto por qué, y ella contesta—Ellos piensan que es una farsa. Yo quiero que tú les digas que estoy aquí. Diles que estoy viva.

La Fundación de Selena

Nuestra familia nunca tuvo la intención de establecer una fundación en nombre de Selena; fue la gente que le guardan tanto cariño los que lograron que eso se hiciera realidad. Después de que Selena murió, muchas personas estaban llamando a nuestra compañía de música y a nuestras oficinas de producción ofreciendo donativos para la Fundación de Selena. Sin embargo nosotros no habíamos establecido una fundación y habíamos escuchado que algunas personas estaban aceptando dinero sin nuestro conocimiento. Nuestros abogados nos aconsejaron que la manera para parar a esas malas personas era el establecer una fundación oficial. Fue así que empezamos la Fundación de Selena.

La Fundación de Selena honra el compromiso que Selena siempre tuvo con la educación, ofreciendo becas a estudiantes de colegio o universidad. Tenemos una dotación de becas en las universidades Texas A&M en Corpus Christi y Texas A&M en College Station. Donamos también al Boys & Girls Club y al Programa SOS, el cual regala útiles escolares a los niños que no pueden costeárselos, haciéndolo al iniciar la escuela, para que ningún niño llegue sin sus útiles escolares. Hemos estado apoyando este programa por la última década. La Fundación de Selena también contribuye a varios refugios para mujeres al igual que para el Programa The First Friday Fund (Fondos del Primer Viernes). Éste último programa es para mujeres quienes no pueden costearse una mamografía y provee mamografías preventivos para mujeres necesitadas.

Recientemente, la Fundación se enfocó en fundar el programa The RAICES Program, (*RAICES: Refugee and Immigrant Center for Education and Legal Services*) (Centro para refugiados e inmigrantes para educación y servicios legales), un programa sin fines de lucro que ofrece servicios legales a refugiados e inmigrantes.

La Fundación también provee beneficios de entierros para padres que han perdido a sus hijos y no tienen los fondos para enterrarlos.

Creo con todo mi corazón que Selena estaría orgullosa de todo el apoyo que estamos dando a tantas personas en su nombre.

El museo de Selena

El museo nunca fue algo que se hizo intencionalmente. Nunca se planificó o ni siquiera fue diseñado. Ninguno de nosotros dijo nunca—¡Oigan, vamos a abrir un museo! Si ustedes han visitado nuestras oficinas, saben que estamos localizados en un área industrial, cerca de un taller de renta de equipos para camionetas. Definitivamente no es el lugar ideal para un museo de ningún tipo. Nuestro edificio consistía solo de oficinas y un estudio de grabación. Después de que Selena murió, mucha gente empezó a visitar nuestras oficinas de producción. Algunas personas llegaban, se estacionaban y se quedaban en sus carros allí, en el estacionamiento. Otros entraban y se pasaban un tiempo en nuestra sala de recepción. Nosotros siempre dimos la bienvenida a todos los visitantes. Les causaba consuelo el estar en un lugar donde Selena había estado.

Un día, yo puse algo en la pared. Tal vez fue una foto enmarcada de Selena o uno de sus tantos premios. La siguiente semana, A.B. puso algo más en la pared; tal vez fue el arreglo musical de una canción. Luego Suzette trajo algo, las arracadas de Selena o uno de sus trajes vistosos, y los puso sobre una mesa. Luego la Mamá (Marcella) trajo algo más, tal vez uno de los bosquejos de diseños de Selena. Eventualmente, el espacio se había llenado de fotos, premios, bosquejos, atuendos de presentaciones y cartas de todo el mundo, incluyendo la del entonces Presidente de Estados Unidos Bill Clinton, y la del entonces Gobernador del Estado de Texas George W. Bush.

Y se convirtió en un museo.

El museo de Selena ha sido visitado por personas de todo el país y de todo el mundo, incluyendo Australia, Europa, América del Sur, América Central y las islas del Caribe. Estas personas hacen sus planes de vacaciones y llegan hasta Corpus Christi sólo para visitar el museo, visitar la tumba de Selena y la estatua de bronce de Selena cerca del Mirador de la Flor, en la Bahía de Corpus Christi.

A pesar de ser un museo pequeño, sus fans le tienen mucho cariño. Se sienten como en casa. Cuando entras, logras entender de lleno quién era ella como artista. Hay personas quienes tan solo al entrar al museo se llenan de emoción y empiezan a llorar.

El público creó el Museo de Selena. Veinticinco años más tarde, Selena sigue en la mente y en el corazón de ese público que tanto la quiere.

La película de Selena

Estoy muy agradecido de tener la fortuna de trabajar con talentosos Latinos en Hollywood para producir la película acerca de la vida de Selena. *Selena*, la película, mantiene vivos todos los logros y los ideales de Selena para compartirlos por muchas generaciones. Es aún muy popular, veinticinco años después de haberse estrenado.

En aquellos días de la filmación, nuestro abogado era Peter López, considerado como uno de los mejores y, en ese momento, uno de los pocos abogados Latinos en Hollywood.

Él tuvo mucho que ver con que la película se hiciera realidad. Peter López ya murió, pero siempre recordaré todo su trabajo ayudándonos para que se hiciera la película.

La película fue producida por el celebrado veterano productor de películas Moctesuma Esparza (*Milagro Beanfield War, The Cisco Kid*). Su conocimiento experto y su liderazgo hicieron que el proceso de producción fuera fluido y eficiente en una producción tan compleja de esa película de alto nivel. Después de firmar el contrato con Warner Brothers, nos reunimos con varios cineastas. Me da mucho gusto de haber puesto la historia de mi familia en las manos expertas de Gregory Nava (*El Norte, Mi Familia*). Greg entendió nuestra meta de celebrar la vida de Selena. Él trabajo de cerca con nuestra familia. Él entendía a nuestra comunidad. Como cineasta, Gregory Nava es uno de los mejores e hizo un trabajo sensacional. Yo fui el director ejecutivo y trabajé conjuntamente con el equipo de producción. Suzette, A.B. y Marcella todos participaron en el proceso de la película, ofreciendo sus observaciones, puntos de vista y su guía.

Tuve oportunidad de conocer a mucha gente dedicada y creativa en el equipo de producción, incluyendo a las productores asociadas de la película, Carolyn Caldera DeFanti y a Nancy De Los Santos Reza. Ellas trabajaron incansablemente en la película, desde investigaciones y estudios hasta la mercadotecnia y la promoción dentro de la comunidad. Fue debido a sus esfuerzos que se logró congregar a 30,000 personas que actuaron como extras. Todas esas personas llegaron al Alamodome en San Antonio, Texas, para la recreación de las escenas del Rodeo en el Astrodome de Houston. Me complace sobremanera reconocer el gran apoyo de Nancy De Los Santos Reza, quien me asistió para que este libro sea escrito.

Todos los actores fueron muy bondadosos y mi familia abrió sus corazones y los recibieron como parte de nuestra familia. No estaba muy seguro de que Edward James Olmos pudiera hacer mi parte, pero él comprobó que yo estaba equivocado. Ya tarde, una noche, Olmos tomó la iniciativa de contactarme directamente y hablar acerca de la película, diciendo que sólo necesitaba treinta minutos. Terminamos hablando por cuatro horas. Después de nuestra reunión, yo todavía no creía que se miraba como yo, pero como pueden ver en la película, su trabajo es el de un gran actor.

Constance Marie, Jon Seda, Jackie Guerra, Jacob Vargas y Richard Coca: todos los actores me impresionaron con su talento y su compromiso en llevar la verdadera historia de nuestra familia a la pantalla grande. La Tejanita de entonces diez años de edad, Becky Lee Meza, quien tuvo el papel de Selena de niña, fue descubierta en una audición abierta en San Antonio, Texas. La película de Selena era su primera vez que Becky estaba frente a las cámaras e hizo un trabajo excepcional.

Por supuesto, estuvimos sumamente complacidos con la selección de Jennifer López para actuar en el papel de Selena. Jennifer puso toda su alma y su corazón en su actuación y la película lo demuestra. Ella capturó la alegría de Selena al presentarse en un escenario, su lado cómico y su mente seria. Jennifer pasó mucho tiempo con nuestra familia mientras se preparaba para su papel. Ella sabía cuán importante era esta película, ese papel, para nuestra familia y para nuestra comunidad. Estoy muy agradecido con su entrega como una gran actriz.

Siento que todos en la producción estaban allí para honrar a Selena y su recuerdo. Ellos sabían que la película de Selena se convertiría en parte de su propio legado. Estamos por siempre agradecidos con todos los actores y con el equipo de producción por preservar la historia de nuestra familia. La filmación fue una experiencia bastante emocional para mi familia. El revivir la felicidad y la tragedia de nuestra jornada fue una experiencia agridulce, pero los resultados valieron todo el esfuerzo.

Me parece sorprendente cómo la película ha ganado más y más popularidad a tantos años de la muerte de Selena. Es un fenómeno que no se había visto en la industria del entretenimiento. Una artista que murió hace veinticinco años es ahora más popular que cuando murió. Una artista que desapareció hace más de dos décadas es más popular que muchos de los artistas contemporáneos, con ventas que también sobrepasan las de artistas contemporáneos de mucho éxito. Ha habido artistas, quienes cuando se mueren, la venta de sus discos tienen gran auge por unas cuantas semanas o meses. En el caso de Selena, las ventas de su música crecen y se mantienen año tras año. Yo creo que todo eso se debe a cómo era Selena, a su personalidad. Ella era diferente a cualquier persona o artista de nuestra época o de cualquier época. Selena era especial.

Quiero dejar en claro para aquellos que critican a Q Productions por publicar álbumes de la música de Selena, ellos no entienden el negocio de la música. Pero ni modo, que sea lo que sea. Los contratos que se hicieron cuando Selena vivía fueron contratos no tan solo con Selena, sino también con A.B. Suzette y conmigo. Esos contratos aún siguen vigentes. Ese era el acuerdo entonces y sigue en existencia hasta hoy. Esto significa que si Selena continúa vendiendo discos por los siguientes cien años, las compañías de discos van a seguir publicando sus discos. Siempre y cuando los fans quieran la música de Selena, nosotros vamos a producir nuevos álbumes.

Mucha gente me ha dicho que Selena llena una necesidad en nuestra comunidad para que las jovencitas tengan a alguien a quien admirar como un ejemplo. Generación tras generación, Selena recibe el abrazo y el cariño de la gente. Igual como otras nacionalidades y otras razas en los Estados Unidos pelean y defienden sus derechos, la comunidad Latina necesita héroes y ejemplos a seguir. Selena ha sido seleccionada como un ejemplo de éxito en la comunidad Latina. Ella probó que si trabajas duro para llegar a tu meta, los puedes lograr. Ella es una persona a quien pueden admirar las jóvenes Latinas y pueden decir —Ella tiene piel canela como yo y, si ella puede lograrlo, yo también puedo.

Yo creo que esto es algo bueno, pero quiero que el público entienda que no soy ni yo, ni mi familia quienes la promueven como ejemplo a seguir. Igualmente como sucedió con la fundación y con el museo, esto empezó porque los fans de Selena le guardan mucho cariño.

¿Cuál es el sueño de un padre? Yo solamente puedo contestar por mí mismo. Mi sueño como padre es ver a mis niños felices, saludables, triunfando, rodeados de su familia y amando a Dios. Hoy me siento muy orgulloso como padre, de ver a mi hijo, A.B. viviendo una vida feliz, creando música y compartiendo su vida con una esposa buena y cariñosa. Las hijas siempre van a ser las favoritas de papá, y mis dos hijas son mis dos tesoros. Estoy muy orgulloso de Suzette y su liderazgo como Directora General de Q Productions. Ella es una visionaria y llevará a la compañía al siguiente nivel. Ella es también una madre y esposa abnegada, y eso me hace muy feliz, al verla feliz y disfrutando de la vida con su esposo Bill y su hijo, nuestro nieto, Jovan.

Selena está con nosotros cada día. Ella era una persona hermosa. Nunca hubo controversia en su vida. Espero que ustedes, al leer este libro conozcan a Selena como su familia la conoce, como una persona de buen corazón, llena de vida y muy cariñosa con la gente. Creo que eso es lo que ha mantenido su recuerdo vivo durante todos estos años. Estoy orgulloso de los muchos logros de mi hija Selena, pero, más allá de eso, estoy orgulloso del legado que ella creó, un legado artístico, musical, de bondad y de amor.

A través de mi vida, he apreciado el regalo más grande que Dios nos ha dado, el regalo de nuestra mente. Estoy constantemente sorprendido de cómo nuestras mentes pueden hacernos sentir cómodos, consolarnos, recordar y ayudarnos a sanar las heridas. El escuchar una canción puede transportarme al pasado durante mis días en el ejército de Estados Unidos. Cierro los ojos y puedo transportarme desde cuando trabajaba en una planta petroquímica a una actuación sobre un escenario y mirar a las parejas bailando. Todos tenemos la habilidad de cerrar los ojos y regresar el tiempo para ver de nuevo a alguien a quien amamos, a escucharlos hablar, a re-vivir las experiencias que se han compartido, casi como si fuera una película en tu mente. Ese es un regalo maravilloso.

Por las primeras semanas después de que Selena murió, mi mente sólo la podía ver como una niña, no como una jovencita.

Yo trataba, pero los recuerdos no aparecían. Sin embargo, con el tiempo, eso cambió. Dios no nos da un regalo que no podamos atesorar. Después de un tiempo, ya podía cerrar mis ojos y pensar acerca de Selena y de todas las experiencias que habíamos compartido.

Como luego dicen, las fases del pesar incluyen el coraje, el rechazo de la realidad y el aceptar esa realidad. Las primera dos o tres semanas después del asesinato yo estaba en shock. Mi mente se puso en blanco. Luego me entró el coraje contra lo que esa mujer había hecho al robarle la vida a un ser humano tan maravilloso. Sin embargo, nunca negué o rechacé la realidad de lo que había pasado. Acepté los sucesos. La habían asesinado y ya no estaba con nosotros. En mi vida actual, sin embargo, estoy tan involucrado en trabajar en proyectos con la música o la imagen de Selena, que se me olvida completamente que ya no está con nosotros. Y en mi mente, siento que está viva. En mi mente, está absolutamente viva.

Mi creencia y mi fe en la Biblia me otorga la fuerza para vivir cada día con esperanza, la esperanza que Cristo nos prometió de una resurrección de los justos y injustos. Siento, de acuerdo al cumplimiento de las profecías y la cronología de la Biblia, que estamos muy cercanos a ese tiempo.

Cuando eso suceda, no le diré nada a mi querida hija Selena. Solamente la abrazaré y nunca más la dejaré ir.

Apéndice

Cada padre siente orgullo al escuchar cuando sus hijos reflejan lo que se les ha enseñado o lo que el niño o la niña han aprendido por sí mismos. Selena era una persona de mucha profundidad mental. Le encantaba leer. Era muy espiritual y muy inteligente. Muchos la miraban como su ejemplo a seguir y ella tomó esa responsabilidad y la oportunidad de enseñar a las jovencitas hispanas que se amaran y se aceptaran a sí mismas, que estuvieran orgullosas de su herencia cultural y que siempre apuntaran hacia las estrellas. Selena había dado muchos discursos y se le había entrevistado cientos de veces para artículos de periódicos y revistas, programas de televisión y programas de radio. Estas son tan solo algunas de las palabras de Selena que continúan sirviendo de guía para la gente joven y como consuelo para todos.

"Cree siempre que lo imposible es siempre posible."
[Asamblea de Escuela, Noviembre 1994]

"Llegarás más lejos en la vida sin drogas."
[SelenaForever.com]

"Cuando estás empezando, tienes que tomar lo que puedas."
[Cosmopolitan.com]

"Con una actitud positiva tú puedes ser lo que quieras ser."

"Si tienes un sueño, no permitas que nadie te lo robe."

"Todo lo que necesito hacer es tratar y hacer lo mejor de mi parte."

"Si algún día llego a tener hijos, con toda seguridad quiero que mis hijos sepan español. El saber dos lenguajes te convierte en una persona más preparada y más inteligente. Si esa barrera del lenguaje no existe, puedes cruzar a través de las dos líneas y hablar con la gente que habla inglés y con la que habla español. Eso te lleva más lejos en los negocios así como en tu comunicación personal."

"Me siento muy orgullosa de ser mexicana. No tuve la oportunidad de aprender español de pequeña, pero nunca es tarde para conectarte con tus raíces."

"Estoy cantando mis canciones porque quiero tocar el corazón de alguien. En nuestra música, las palabras tienen un fuerte mensaje y en algún lugar alguien está pasando por algo relacionado. Y si yo puede tocar a alguien de esa manera, eso es lo máximo."

[Latin Style Magazine, 1995]

Selena Quintanilla

www.ingramcontent.com/pod-product-compliance
Lightning Source LLC
Chambersburg PA
CBHW051134120626
46547CB00012B/808